新时代的教师学习

教师学习论

汤丰林 ◎ 总主编

汤丰林 等 ◎ 著

北京师范大学出版集团
BEIJING NORMAL UNIVERSITY PUBLISHING GROUP
北京师范大学出版社

图书在版编目（CIP）数据

教师学习论／汤丰林等著．— 北京：北京师范大学出版社，2024.8（2025.9重印）．—（新时代的教师学习）．
ISBN 978-7-303-29980-5

Ⅰ．G451.2
中国国家版本馆 CIP 数据核字第 20247TC744 号

出版发行：北京师范大学出版社 https://www.bnupg.com
　　　　　北京市西城区新街口外大街 12-3 号
　　　　　邮政编码：100088
印　　刷：北京虎彩文化传播有限公司
经　　销：全国新华书店
开　　本：787 mm × 1092 mm　1/16
印　　张：12.75
字　　数：200 千字
版　　次：2024 年 8 月第 1 版
印　　次：2025 年 9 月第 3 次印刷
定　　价：55.00 元

策划编辑：张筱彤　郭　翔　　责任编辑：申立莹
美术编辑：焦　丽　　　　　　装帧设计：焦　丽
责任校对：陈　荟　　　　　　责任印制：马　洁

版权所有　侵权必究
读者服务电话：010-58806806
如发现印装质量问题，影响阅读，请联系印制管理部：010-58806364

"新时代的教师学习"系列丛书
编委会名单

总 主 编：汤丰林
副 主 编：钟亚妮　李　军　胡春梅　梁文鑫
编　　委：(按姓氏笔画)
　　　　　　王志明　汤丰林　孙美红　李　军
　　　　　　李怀源　杨建伟　沈彩霞　郑蔚青
　　　　　　胡春梅　胡淑均　钟亚妮　曹　杰
　　　　　　梁文鑫
本卷作者：
　　　　　　汤丰林　钟亚妮　曹　杰　沈彩霞
　　　　　　张泽宇　靳娟娟

总序
Preface

让教师因学习而绽放生命之绚烂

当我在洒满人性光辉的教育之路上孜孜以求那份由理想和浪漫编织的教育人生的时候，蓦然回首，看到这条路上留下了三个清晰的印记：做教师、想教师、为教师。做教师，即自己作为教师的行动之路，那儿有迷茫、有苦恼、有喜悦、有绽放，终因教师而品味了人生的酸甜苦辣。想教师，即身为教师的元思考，古往今来，师者为尊，可是那个师者本该什么样？换言之，什么样的师者方可为尊？什么样的师者方可为师之大者？为教师，即师者之师的理想与追求，我们该为师者做些什么？充当师者之师？与师者为伴？做师者之舟？

畅想至此，我想起了法国哲学家吕克·费希（Luc Ferry）的观点。他认为，哲学有三个面向，即对事物的理解力、对正义的渴望和对救赎的寻找，分别对应着理论、道德与智慧。循着这样的思路，如果我们对教师做一个形而上的思考，那么一个以灵魂塑造为追求的真正的教师，首要的不是简单地教书教人，也不是简单地把握教育教学的艺术，而是在持续的自我修炼中，建构并完善以信念、道德、智慧为支柱的灵魂系统。这样一个以自我完善为根基、以人际互动为桥梁、以灵魂塑造为目标的教师灵魂系统的形成，根本手段绝非培训，而是要靠教师自身持续的学习反思。正是

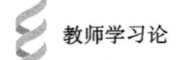

基于这样的思考，我们建构了教师学习的研究体系。在这个研究体系中，我们力图建构教师成为师者的信念、道德与智慧三大支柱，此为"本"；探寻促进教师学习的方法与途径，此为"相"，"本"与"相"的有机结合是我们希望实现的目标。

教师学习作为一个概念，我们要做研究，就必须给它下一个精确的定义，否则按惯例看就是不严谨的学术研究。但通过查阅各种文献，我们发现研究者们几乎都是按照自己的研究取向对其做出解释的，甚至在一定意义上看，各种解释之间并没有实质性的不同，总体上只是表述不同或视角不同而已。正因此，我们避开了寻求概念界定的精准，而切换了一个视角——从教师培训出发，站在教师学习的现实立场，寻找影响教师有效学习的现实因素和促进教师学习的现实途径，并以此确定我们实践取向的教师学习研究体系。本丛书的四册作品便是这样一个思考的大体模样，也是这项课题研究的阶段性成果。

《教师学习论》。这是研究的总纲，立足于新时代教师学习的现实问题，我们要做如下三个方面的研究。

一是探寻新时代教师学习的内涵及变革。其一是明确教师学习研究的背景及概念内涵，从教师学习内容、方式和情境等方面探讨教师学习的核心议题，分析新技术赋能教师学习变革的发展趋势；其二是明确教师学习研究的理论基础，从教师个体、学校情境与制度情境等方面探讨教师学习的影响因素。

二是探寻现实中的教师学习要关注的核心问题。我们试图对三个方面的关键问题进行讨论：其一是教师学习共同体，我们的实践观察和问卷调查得出的结果显示，教师大多认为由同伴和专家构成的学习共同体是最受欢迎的学习途径，这样的共同体无论是在虚拟环境还是真实环境，都广受欢迎；其二是教师学习动机问题，这也是我们多年来始终想在培训中破解的核心问题；其三是教师学习转化，我们试图从核心概念、教师核心素养及学习迁移等方面做一些讨论，其目的是让教师的学习真正发生。

三是教师学习的现状与建议。针对教师的学习现状，我们从教师学习动力、学习投入、学习阻碍及影响因素等方面，既做了理论上的梳理，也进行了问卷调查。我们的调研取样覆盖了北京市各区及不同学段的教师，最后获得有效问卷1066份。教师学习的现状与分析就是在这个调查数据的基础上得出的，目的是想形成基于现状的改进建议，为教育高质量发展提供优质师资保障。

《特级教师的学习叙事》。特级教师是"师德的表率、育人的模范、教学的专家"。从这个荣誉称号诞生之日起，特级教师就始终是基础教育系统的领军人物，在教育教学中发挥着示范引领作用，在广大教师的成长中发挥着表率作用，同时也是社会关注的焦点。如何有效发挥他们的作用，多年来，学术界做过大量的研究，既有对其教育教学经验的总结，也有对其教育思想与教学特色的研究，形成了大量有益的成果。但如何从学习的角度深入挖掘他们的经验，并使之上升为理性的结论，甚至形成理论，我们并没有看到太多有影响力的研究。正是在这样的背景下，我们基于教师学习研究的基本设计，想针对特级教师这个群体，从其成长史出发，运用叙事研究的方法，通过访谈和相关文献的分析，希望能够找到每位特级教师的学习经验，并能够使其上升为具有理论价值的学习策略。为此，我们从北京市特级教师中选取了12位不同学科、不同学段的优秀特级教师，由课题组研究专家对他们进行深入的访谈与研究，运用叙事的写作方式，形成了具有个性化的学习案例。同时，我们还选取了2位特级教师进行了自我叙事分析，就其自己的学习历程和学习特色进行反思式总结。总体来讲，我们12+2的特级教师学习叙事研究基本围绕学习动力、学习投入、学习阻碍、学习需求及影响因素进行分析，但在不同个案的研究中，又充分尊重研究者的学科基础、生活背景和价值取向，希望每个分析都能既有共同遵循的原则，又有个性化的特点。我们希望这项研究能为更多教师的成长提供有价值的学习借鉴。

《大阅读学习路径与策略》。教师作为成人，其学习更有效的方式无疑是持续性的阅读。长期以来，人们在教师的读书学习方面做了大量的尝试与探索，形成了许多有益的成果。但随着信息化社会的到来，人们的阅

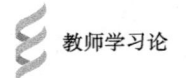

读方式已经发生了很大变化，传统的文本阅读已经不是教师获取知识、提升技能的唯一途径，并且正如我们前面已经谈到的基于信念、道德与智慧的灵魂系统的建构，单靠传统的阅读方式也远远不能满足教师成长的要求。正是在这个意义上，我们借鉴文学评论的泛文本概念，立足于中国传统的"读万卷书，行万里路"的观念，运用具身学习的思路，提出了教师学习的广义阅读或大阅读观。

首先，我们认为从教师综合素养提升的角度来看，阅读应该是一个眼、耳、鼻、舌、身多官能综合运用的过程，且在这个过程中，需要有感知、有理解、有体验、有思考，更需要有行动。正因此，如果从阅读的主客体来看，教师作为阅读者是阅读的主体，文本则是阅读的客体，并且这个客体应该有多种存在形态，它既可能是传统的文本，包括纸质文本与电子文本；也可能是人、社会事件、艺术作品等。由此，我们从教师职业的角度出发，确定了与其教育教学工作息息相关的"文本"作为阅读的客体或对象，具体包括七大"文本"，分别是学生、课例、名师、名著、时事、艺术和教育数字化。

其次，从大阅读的实践操作来看，我们确定了两个层面的分析路径。其一，内部结构路径，重点从符号、结构、意义三个层面进行分析；其二，外部结构路径，重点从作者、背景、读者三个方面进行分析。这是一个总体的分析路径，但我们并不要求研究者套公式般地分析，而应该充分体现不同"文本"的特点、研究者的专业取向和相应的话语体系要求。我们希望能够给一线教师提供"大阅读"所必需的基本认识和必要的操作策略。

《构建教师智慧学习新生态》。近年来，混合式学习、人工智能赋能学习已经成为一种新潮流，因此，研究教师学习，就必须研究混合式学习。这既是一种新时代有效的学习途径，更是一种全面的学习生态转变。由此，我们将教师的混合式学习定义为教师学习的新生态，试图从学习生态建构的角度来解读混合式学习。这个部分的研究，我们从四个方面进行：第一是政策分析，重点针对"十三五"以来国家在混合式学习方面的政策推动进行探讨；第二是学习理论分析，重点针对现有学习理论和成人学习理论，分析学习理论研究的生态取向；第三是混合式学习的基本形态研究，从历史演进的视角，看混合式学习发展的过程及未来走向，特别就当前流行的虚拟现实与增强现实场景下的学习变革做必要的梳理探讨；第四是教师开展混合式学习的现状研究，主要针对当前基础教育教师开展混合式学习的情况进行问卷调研和访谈，以了解教师开展混合式学习的需求、存在的困难以及典型特征。我们希望通过这样一些探讨来研究混合式学习所带来的教师学习生态的变革。近两年来，人工智能，特别是生成式人工智能蓬勃发展，教师在人工智能背景下的学习已经发生了许多变化。我们的这项研究形成于两年前，虽稍有滞后，但对教师学习仍有重要的现实意义。

本课题是北京教育学院针对干部教师培训主业，从提升培训效果入手，抓住教师学习这个根本性问题而确立的重大攻关性课题。我们在课题研究过程中想努力达成如下几个目标。

一是理想与现实的结合。我们做这项研究并未按照一项任务去完成，而是作为一个理想去追求。这个理想不是什么宏大的愿景，只是立足于现实的两个简单的追求：其一是希望能够为我们心中所描绘的那个教师形象铺就一条成长之路，本丛书就是在探寻这条路；其二是希望能够让所有参加课题研究的教师都能在这项研究中找到自己的专业结合点，这也是我们长期以来的价值追求，我们的目标不是集中一批教师完成一项组织或领导安排的任务，而是要让每个成员都能找到最佳的专业切入点，进而促进其自身的专业成长。

二是理论与实践的结合。我们在研究中梳理了相关的主要理论，也在努力构建我们自己的一个理论框架，但我们并没有为理论而理论，而是为实践而理论。正因此，我们在理论选取与理性思考中，始终考量实践的要求，把握实践的路径。比如，在教师学习的理论问题上，我们对国内外研究做了必要的梳理，但在核心内容上，我们没有做系统构建，而是着重考虑了教师培训中需要关注的一些关键问题，诸如教师学习动力、教师的学习转化、教师学习共同体等。还有，在特级教师的学习叙事研究中，我们也没有完全按照叙事研究的格式去套用每个步骤，而是充分发挥了叙事研究的独特性和生成性特点，追求理论为实践服务，并通过实践来优化理论。

三是研究与培训的结合。研训一体是我们的工作范式，也是我们的研究范式。因此，我们在课题研究中注重学术的规范性，更注重培训的有效性。这样的价值追求也与我们对教师培训的理解直接相关，近年来，我们始终在推动培训目标的转变，提出要把培训的核心目标从知识的更新与技能的提升转向促进教师自主学习的动力与行动。这样的认识，既是时代发展的要求，也是我们多年来对教师培训不断反思的结果。正是在这个意义上，我们希望这项研究能为进一步推动培训变革、提高培训效能提供一些支持。

四是继承与创新的结合。学习问题是一个古老的研究选题，从经典学习理论到现代学习科学的研究，已经取得了许多极具影响力的研究成果。近几十年来，从成人学习到教师学习的研究也取得了引人注目的成果。因此，我们的研究首先是学习与继承，需要对已有研究成果做个必要的综述，为我们继续前行奠定基础。但我们的最终目标是通过理论创新更好地解决现实问题。正因此，我们在四个子课题的研究中都建立了自己的基本立场，并围绕这样的基本立场做了必要的理性建构，期待能为广大中小学教师的高效学习提供理论借鉴与实践支持。在此，我们有必要对四个子课题的基本立场再做一次明确的表述：教师学习子课题，我们重点解决教师学习最关心的三大核心问题，即学习动力、学习投入和学习共同体；特级教师学习叙事子课题，我们试图为广大教师提供优秀教师终身成长的学习秘诀；教师大阅读子课题，我们拓宽了教师阅读的意义，提出了大阅读概念，期待能用一种学术的视角解读"读万卷书，行万里路"的学习价值；混合式学习子课题，我们立足于技术变革带来的社会生活方式的变化，提出了建构教师学习新生态的思路，希望能够超越方法去看这个重大的时代命题。

课题研究历时四年，课题组全体成员付出了艰辛的努力，其中既有创新的喜悦、思想交流交锋的畅快，也有一些核心问题难以破解的苦恼，以及研究与繁忙的工作相冲突带来的困窘，但无论遇到什么样的困难，大家都没有退缩，始终保持着积极的研究状态，贡献着自己的努力与智慧。无疑，每一位成员都值得我们深深地尊敬！课题研究得到了学院领导、科研处同志和广大教职工的大力支持与帮助，得到了院内外专家的关心与指导，在此，一并致谢！本丛书的出版得到了北京师范大学出版集团领导的关注与支持。值此出版之际，还要特别感谢策划编辑郭翔老师，他极具慧眼，在课题研究过程中就提出了成果出版的建议，并提供了持续性的支持。

汤丰林
2023 年 10 月

前 言
Foreword

　　学习是一个古老的话题，因为人类的进化与进步始终伴随着学习。在一定意义上说，没有学习也就没有今天高度发达的人类文明。教师学习是一个崭新的话题，因为就心理学对学习的研究来看，对一般意义上的学习乃至学生学习的研究远早于教师学习，成果也更丰富，且至今教师学习的主要研究仍未脱离原有学习研究的范式。那么，立足于当下社会变革对教师的新要求，我们应该如何研究教师学习呢？本书名为《教师学习论》，其立论基础与逻辑路径又是什么呢？如果从这样的视角来思考，《教师学习论》要解决的无疑是教师学习研究的认识论问题。

　　认识论就是知识论，主要研究关于知识的问题。这些问题包括知识的由来、知识的性质、知识与实在的关系、知识的标准，而且这四个问题是相互关联、相互依靠的。[①] 对这些问题的回答，马克思主义认识论认为，人的认识主要依赖于人的社会实践活动，这样的活动既包括生产活动，也包括阶级斗争、政治生活、科学和艺术活动等。人们在这样的活动中逐渐认识了人与人的相互关系，也正是在一步步由低级向高级发展的社会生产实践活动中，人们对自然、社会等方面的认识也一步步地由低级向高级发

---

① 张东荪：《认识论》，2页，北京，商务印书馆，2011。

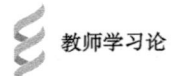

展，由感性认识向理性认识发展。因此，"只有人们的社会实践，才是人们对于外界认识的真理性的标准"①。辩证唯物论强调"理论对于实践的依赖关系，理论的基础是实践，又转过来为实践服务""真理的标准只能是社会的实践"②。根据马克思主义的认识论观点，我们研究教师学习问题，必须立足于教师的教育教学实践，立足于教师培训实践，从实践出发探寻教师学习的规律，进而指导教师成长发展的实践，最终提升教师的教育教学质量与水平。

如何才能在实践导向的基础上充分发挥我们的主观能动性，实现教师学习研究在认识上的跃迁呢？有学者从价值论的角度对认识的主观能动性做了精彩的论述："关心许多东西不仅是人类的天性，而且是我们所愿意过的生活的一部分。但是如果我们关心任何东西的话，我们就必须在意我们所关心之领域中拥有真信念……我把那种对真(truth)给予关注的信念称为被尽责地持有的信念。我假定，尽责(consciousness)是某种带有程度性的东西，并主张(在带有一些限制条件的情况下)我们越关心某东西，我们就一定会越尽责。"③

综上所述，我们认为研究教师学习至少需要在以下两个方面达成共识。

其一，是要有"尽责地持有的信念"。这样的信念应该是我们一直以来倡导的教师培训核心目标的转变，即从知识更新与能力提升转变为激发教师自主学习的动力与行动。本书作者都是从事教师培训工作的专业人员，长期以来，我们始终致力于让培训更精准、更有效、更有影响力。但是，教师属于成人学习者，让培训这样一种外部支撑力量在教师身上产生精准且有明确预期的成长促进效果似乎有点违背成人学习与成长的特点。教师有自己的知识体系与经验体系，更有自己的价值追求，大一统的培训

---

① 毛泽东：《毛泽东选集》(第一卷)，284页，北京，人民出版社，1991。
② 毛泽东：《毛泽东选集》(第一卷)，284页，北京，人民出版社，1991。
③ [美]琳达·扎格泽博斯基：《认识的价值与我们所在意的东西》，方环非译，9页，北京，中国人民大学出版社，2019。

要求难以实现预期目标。因此，培训必须走个性化之路，而个性化的核心则在于教师要有成长与发展的内在动力。正是在这个意义上，我们写作本书的核心价值导向是教师的自主，并重点解决三个方面的问题。一是教师的自我认知。我们通过问卷调查和个人访谈，从教师的学习动机、学习能动性、学习投入及阻碍因素四个方面做了调研设计，重点是探查教师在日常学习成长方面的特点和期许，并将调查的主要结论在本书及丛书的其他成果中运用。二是教师的内在动力，对理论与实践相结合以及策略做一些探讨，期待能为激发教师自主学习的动力提供较充分的专业依据。三是教师的学习生态，教师学习需要自主，但自主并非一味地"闭门苦读"，同时需要主动地交流与研讨，而这样的互动需要一个能够让教师积极主动参与的良好生态。于是我们将焦点放在教师学习共同体，包括学习型组织的建设、教研等实践共同体的建构。关注这些共同体既有理论上的考量，也源于调研的结论。

简言之，所谓"尽责地持有的信念"，就是从理论到实践都坚定地信奉教师成长与发展的关键在于其学习的自主性，其他相关的方式与手段，其目的都应该指向产生对教师内在动力的激励效应。

其二，是要充分体现"实践—理论—实践"的理论与实践相结合的要求。我们研究教师学习的价值取向不是要解决基本理论问题，而是要解决教师在繁忙的日常工作中如何更好地整合各种资源，达到有效学习、促进成长、提高效能的目的。从这样的目的出发，我们做了三项工作。一是找到着力点。这个着力点就是让我们的研究从实践中来的依据。为此，我们从三个角度入手：政策角度，重点对国家和地方促进教师学习的相关政策进行探讨；经验角度，研究立足于我们多年来的教师培训经验，这是重要的实践基础，也是开展此项研究的初衷；教师学习实际角度，这也是我们调研的基础。二是建立理论结构。建立理论结构并不是说我们要重建一套教师学习的理论，而是如何基于已有研究成果，从我们的目标出发，建立一个符合我们工作实际的研究框架。这个研究框架包含五个部分的内容：研究前沿，希望我们的研究能够处于教师学习问题的国内外前沿研究水平，重点涉及教师学习及其相关核心概念；理论基础，希望我们从众多学习理论中找到符合教师学习实际的理论依据，聚焦于教师学习场的建立；学习动力，希望厘清教师学习的内在动力理论和相应的实践策略；学习转化，希望找到解决教师学习有效性的关键，这便是如何促进其学习转化的问题；学习生态，希望探索促进教师学习的新途径，聚焦于这些年来比较热门的学习共同体。三是立足实践指导，重点在针对每个要素做一些实践指导的探索，将理论与实践融为一体。这方面的探索主要集中在三个方面：首先是如何激发教师的学习动力，聚焦于激发教师与环境场域的互动、满足教师的基本心理需要、提高教师学习的具身性；其次是如何促进教师的学习转化，聚焦于教师核心素养和关键能力的培养策略；最后是如何建立教师学习共同体，聚焦于教师学习支持体系，诸如学习共同体、教研活动等的建立(见图0-1)。

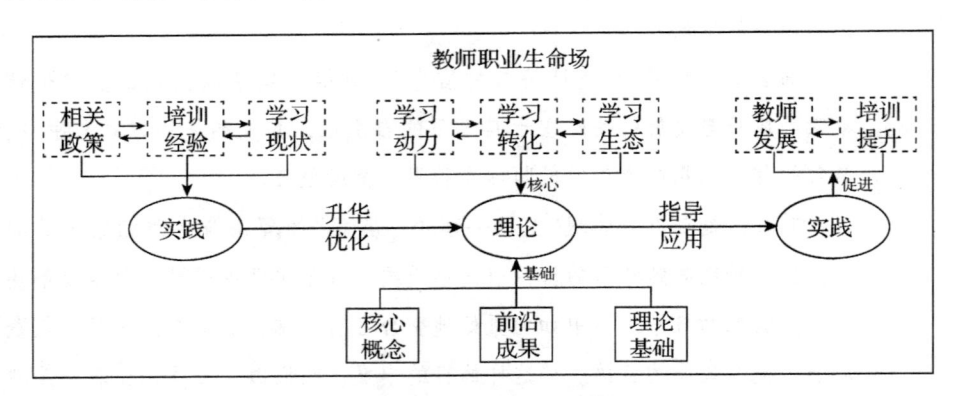

图0-1　《教师学习论》研究逻辑结构图

总体而言，我们认为，教师学习发生在教师的职业生命场中，《教师学习论》就是要从理论建构的角度，找到教师学习研究如何从实践走向理论，再运用理论去指导实践的逻辑路径，同时作为我们教师学习研究的总纲。

目 录
Contents

第一章　教师学习及其变革　　001

第一节　理解"教师学习"　　003
第二节　教师学习的核心议题　　012
第三节　新技术赋能教师学习变革　　017

第二章　教师学习的理论基础与影响因素　　025

第一节　教师学习的理论基础　　027
第二节　教师学习的影响因素　　034

第三章　作为主动学习者的教师　　041

第一节　教师学习动机的内涵　　043
第二节　教师学习动机的产生机制　　052
第三节　激发教师的内在学习动机　　065

第四章　教师学习转化与素养提升　　075

第一节　基于教师核心素养提升的学习转化　　077

第二节　教师学习转化的理论视角　　092
　　第三节　教师学习转化的路径与方法　　112

第五章　教师学习支持体系构建　　119

　　第一节　教师学习共同体　　121
　　第二节　教师学习的多元场域　　142

第六章　新时代教师学习现状的实证研究　　157

　　第一节　研究设计　　159
　　第二节　研究结果　　160
　　第三节　结论与建议　　172

参考文献　　176

后　记　　184

第一章
教师学习及其变革

本章概述

教师是教育改革的关键。教育改革对教师队伍建设、教师培训与专业发展提出新的更高要求。在终身学习时代背景下，基于教师培训与专业发展存在的不足，教师学习(teacher learning)或教师专业学习(teacher professional learning)成为教师教育研究领域的重要议题。本章首先阐述教师学习研究的缘起与概念内涵，分析教师学习内容、学习方式、学习情境等核心议题，随后基于数字化转型对教师学习变革的影响，从数字化课程资源建设、技术支持教师个性化发展、教师学习新生态构建等维度探讨新技术赋能教师学习的实践路径。

第一节 理解"教师学习"

教育改革所要求的课堂实践变革最终取决于教师。为建设高质量的专业教师队伍，世界各国将促进教师专业发展视为有效的教师政策之一，强调作为终身学习者的教师通过参加专业发展与学习活动改善教学实践，以达到教育改革目标。本节探讨教师学习研究的缘起，分析教师学习的概念内涵。

一、教师学习研究的缘起

（一）建设全民终身学习的学习型社会、学习型国家是世界共识

党的二十大报告指出，要"建设全民终身学习的学习型社会、学习型大国"。2023年5月，习近平总书记在中共中央政治局第五次集体学习时强调："要建设全民终身学习的学习型社会、学习型大国，促进人人皆学、处处能学、时时可学，不断提高国民受教育程度，全面提升人力资源开发水平，促进人的全面发展。"这一重要讲话清晰绘制了具有中国特色的学习型社会、学习型大国建设蓝图，旗帜鲜明地提出了"人人皆学、处处能学、时时可学"的建设目标，并特别强调要通过全民终身学习促进人的全面发展，进而为中国式现代化建设提供基础性、战略性支撑。

2023年8月30日，教育部印发《学习型社会建设重点任务》，提出要树立"大教育观"，把建设学习型社会、学习型大国作为建设教育强国的战略举措，把教育数字化作为推进学习型社会建设的"倍增器"，聚焦关键单元和重点群体，点线面结合、近中远统筹，推动各种教育类型、资源、要素多元结合，调动社会上一切可利用的学习资源，打通家庭教育、学校教育、社会教育各环节，完善政府统筹、教育牵头、部门协同、社会参与的全民终身学习推进机制，构建网络化、数字化、个性化、终身化的教育体系，构建人人皆学、处处能学、时时可学的终身学习服务体

系，为教育强国建设提供有力支撑。①

在国际领域，自20世纪70年代至今，联合国教科文组织推动终身教育（lifelong education）理念不断拓展。第二次世界大战之后，世界政治、经济、社会、科技、文化经历了深刻而复杂的变革。基于人类社会以及教育自身所面临的困难和挑战，在联合国教科文组织主办的会议上，法国成人教育家保罗·朗格朗（P. Lengrand）在1965年提出终身教育的思想，为促进终身教育发展指明了方向。

从20世纪70年代开始，联合国教科文组织始终将发展终身教育作为一项持续性的国际战略，在全球提倡和实践。联合国教科文组织于1972年发布《学会生存：教育世界的今天和明天》（*Learning to Be: The World of Education Today and Tomorrow*），提出"终身教育"的理念。1996年，联合国教科文组织发布《教育：财富蕴藏其中》（*Learning: The Treasure Within*），提出"终身学习"（lifelong learning）的理念。在联合国教科文组织的推动下，终身教育、终身学习成为全球教育发展的基本准则和共同遵循的准则。

终身教育的基本属性之一，是挖掘人的潜力、提升人对世界的认识水平和推动未来经济社会的发展。② 联合国教科文组织主导下的现代终身教育，经历了从"终身教育"到"终身学习"的概念转化历程，在实践上经历了从关注成人教育到关注全民终身教育、从关注终身学习到关注"优质、全纳、公平"的终身学习、从关注个体学会生存到关注整个人类的可持续发展等重要转变。在联合国教科文组织的倡导下，自20世纪中叶开始，包括我国在内的世界上许多国家通过终身教育、终身学习，已经逐渐实现了向学习型社会和学习型国家的重要转变。

当前，数字技术与互联网正在改变着世界，也改变着教育。教育概念、教育生态环境、教育形态、教育方式等均发生了深刻变化。联合国教科文组织充分认识到数字技术在变革教育体系、学校形态和教育方式上的巨大潜能，把数字技术视为推动终身教育发展的重要力量。③因此，在建设全民终身学习的学习型社会、学习型

---

① 教育部：《教育部关于印发〈学习型社会建设重点任务〉的通知》，http://www.moe.gov.cn/srcsite/A07/zcs_cxsh/202309/t20230914_1080240.html，2023-09-04。
② 路宝利、吴遵民：《关于"全球伦理的终身教育"的思考》，载《中国远程教育》，2022(7)。
③ 李兴洲、徐莉、姬冰澌：《教育未来发展新趋势：迈向新人文主义的终身教育——基于联合国教科文组织前瞻性教育报告》，载《清华大学教育研究》，2023(3)。

大国进程中，我们要充分利用数字技术，将教育扩展到人生所有阶段和更多的时空之中。

（二）终身学习视域中的教师学习

研究者认为，关于教师专业学习的论述最早可追溯至20世纪早期杜威（J. Dewey）的教育思想及联合国教科文组织的系列报告①。联合国教科文组织积极倡导终身教育和终身学习理念，终身教育和终身学习的概念随后在全球范围得到关注和认可，极大地推动了世界教育革命的浪潮。

终身学习的理念对于教师教育领域的研究与实践具有重要意义。教师教育涵盖职前培养、入职教育与在职专业发展等不同阶段。从教师专业发展历程来看，教师的学习在整个教职生涯中持续进行。②经济合作与发展组织（Organization for Economic Co-operation and Development，OECD）开展的教师教学国际调查研究（TALIS）将教师视为终身学习者（lifelong learners），其2018年的调查研究报告之一即为《作为终身学习者的教师与学校领导》（"Teachers and School Leaders as Lifelong Learners"）。③在教师教育研究领域，终身学习成为教师适应教育改革发展与自身专业发展的必由之路，教师学习或教师专业学习成为教师专业发展领域中的研究焦点之一。

在我国进入新发展阶段之际，国家高度重视全社会的终身学习。党的二十大报告明确指出要"建设全民终身学习的学习型社会、学习型大国"。伴随着我国教育现代化进程的加快推进，实施终身学习战略具有重要意义。终身学习的理念也不断发展变化，其内涵已经从保障个体生存的教育服务方式，发展到提升组织效能的组织管理方式，进而向促进人类社会可持续发展的社会治理模式演进。从终身学习价值保障的角度来看，其工作的重点已经从扩大学习机会拓展为构建服务全民终身学习的教育制度体系。④如此制度设计，也深刻影响了我国教师教育政策，从终身学

---

① L. Boeskens, D. Nusche and M. Yurita, "Policies to support teachers' continuing professional learning: A conceptual framework and mapping of OECD data," in OECD Education Working Papers No. 235, Paris, OECD Publishing, 2020.
② C. Day, Developing teachers: The challenges of lifelong learning, London, Falmer Press, 1999, p. 2.
③ OECD, "TALIS 2018 Results (Volume Ⅰ): Teachers and school leaders as lifelong learners," Paris, OECD Publishing, 2019.
④ 陈丽、何歆怡、郑勤华等：《论终身学习的新哲学基础》，载《现代远程教育研究》，2023(2)。

习的视角对教师继续教育与教师培训进行了新的诠释。

近年来,我国教师政策对教师终身学习提出明确要求。2018年,《中共中央 国务院关于全面深化新时代教师队伍建设改革的意见》提出:"开展中小学教师全员培训,促进教师终身学习和专业发展。"2022年,教育部等八部门印发的《新时代基础教育强师计划》也提出要"支持服务教师专业发展和终身成长"。终身学习的理念强化了教师学习的价值与意义,为教师培训与专业发展提供了准则,指明了创新方向。新发展阶段的教师培训与专业发展需要以终身学习的理念为目标导向。

(三)教育改革的政策期待:教师成为学习者

当前,世界各地的教育改革都对学生学习提出了高标准和高要求。但教育改革所要求的课堂实践的变革最终取决于教师。教育改革的成功在很大程度上有赖于教师的专业素养。由于教师的专业学习与教育改革和学校改进紧密相连,因此各国教育改革政策关注为教师提供学习机会,强调通过高质量专业学习提升教师专业能力,进而提升教育教学质量。

教师专业发展与专业学习是教师政策的核心议题。经济合作与发展组织在2018年发布的《有效的教师政策:来自PISA的洞见》("Effective Teacher Policies: Insights From PISA")报告中,将在职教师的专业发展与学习(in-service professional development and learning)置于有效教师政策的中心地位,凸显了教师学习在教育变革背景中的重要性。

基于教育政策的视角,研究者认为,教师专业发展与专业学习是连接教育政策与学生学习过程及其结果的"渠道"或"路径"。教师专业发展政策、教师专业学习与学生学习之间存在的相互影响的关系,需要从三个层面进行理解(图1-1)。① 第一,从政策制定者的角度来看,政策制定者所能影响的教师专业发展形势直接外在于实践,政策支持的专业发展和专业学习处于实践的更高层级。第二,教师专业发展和专业学习经验的下一层级是指将专业学习应用于课堂或管理实践。第三,政策与学习的第三个层级为教师改进的专业实践促进学生学习;同时,学生学习也可能促进教师的专业学习,有利于教师形成新洞见、解决新问题。如图1-1纵向箭头所

---

① M. S. Knapp, "Professional development as a policy pathway," *Review of Research in Education*, 2003(1).

显示，教师专业学习与教师实践和学生学习之间存在动态、互惠的关系，它们相互影响。在课堂实践中，学生学习机会的获得和学生的学习能够促进教师学习与发展。教师通过参与专业发展活动学到的内容，能够转化成随后在课堂中的实践。教育政策若要通过改进的教师实践真正促进学生学习，那么，教师通过专业学习，理解并切实落实教育改革政策就显得尤为关键。

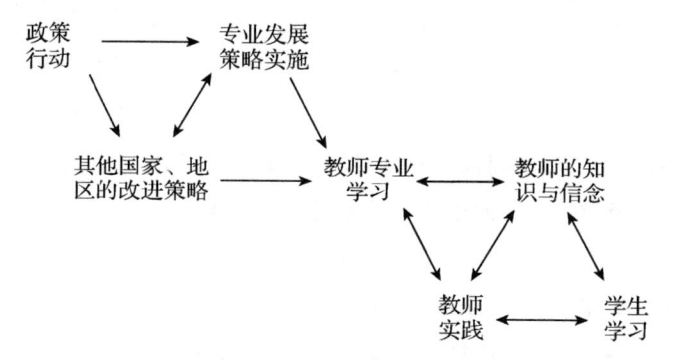

图 1-1　教师专业发展政策、教师专业学习与学生学习之间的关系①

教育改革的核心在于课程改革，课程改革的核心在于课堂改革，课堂改革的核心在于教师的专业发展②，教师专业发展的核心是教师学习。③课程改革要求教师对新的课程方案与课程标准、课程计划与教材等形成新的理解，新课程改革也要求教师成为课程开发者与实施者、教学研究者，我们期待作为实践主体的教师通过学习使课程教学改革真正落地见效。在教育改革背景下，教师是决定改革成败的关键能动者。作为学习者的教师通过自主反思与多元学习，有助于不断改善教育教学实践，切实践行新课程改革的新要求。

(四) 有效教师专业发展与教师学习

教师专业发展是教师不断学习的过程。教师专业发展包含所有让教师、管理者

---

① M. S. Knapp, "Professional development as a policy pathway," *Review of Research in Education*, 2003(1).
② 钟启泉：《教育改革的核心在于教师专业发展》，载《基础教育论坛》，2017(7)。
③ V. D. Opfer and D. Pedder, "Conceptualizing teacher professional learning," *Review of Educational Research*, 2011(3).

和其他人员进行专业学习的活动。① 专业发展系统的基本组成元素包括专业发展活动、作为学习者的教师、协调者和专业发展发生的情境。②教师专业发展最为核心的内容指向了教师学习。近年来，传统的教师培训已从"专业发展"向"专业学习"的范式转移，强调从注重教师个体学习转向通过学习社群来促进教师学习。③

研究者对教师专业学习的关注，旨在突破传统教师培训存在的弊端。许多教师专业发展项目源于外在指令并采用集中统一的形式；外界提供的一次性或短期课程，不能为教师提供充足的内化时间与学习内容，且脱离教师工作情境、缺少跟进，因而并不能使教师的课堂产生有意义的改变。④ 由于教师参与的专业发展活动不成体系、不系统，且通常脱离教师的教育教学实践情境，因此，教师培训与专业发展的有效性以及培训方式的创新性成为研究的重要议题。

为弥补传统培训方式存在的不足、提升教师专业发展的实效性，研究者对有效教师专业发展(effective professional development)的关键特征进行分析，认为有效教师专业发展需具备以下主要特征：①聚焦于学习内容；②教师需要基于成人学习理论，进行积极主动的学习；③基于工作情境并支持协作；④对有效实践进行示范；⑤提供指导与专家支持；⑥提供反馈与反思机会；⑦需具有持续的学习时间。⑤ 上述研究为专业发展活动的设计提供了指导原则，旨在通过高质量的专业学习活动，提高教师队伍的专业素养。

为提升教师培训与专业发展的实效性，政策制定者、实践者和研究者提出要基于专业学习的视角，为教师创设积极持续的学习体验，使教师在协作的工作与实践情境中实现成长。学校本位(school-based)、教师制订的改进计划、教师指导等方式，由于直接来源于教师与学生需求、聚焦课堂实践，因此对教师成长更为有效。⑥

---

① M. S. Knapp, "Professional development as a policy pathway," *Review of Research in Education*, 2003(1).
② H. Borko, "Professional development and teacher learning: Mapping the terrain," *Educational Researcher*, 2004 (8).
③ L. B. Easton, "From professional development to professional learning," *Phi Delta Kappan*, 2008 (10).
④ S. Loucks-Horsley, K. E. Stiles and S. Mundry, et al. , *Designing professional development for teachers of science and mathematics*(3rd ed.), Thousand Oaks, Corwin Press, 2010, pp. 5-8.
⑤ L. Darling-Hammond, M. E. Hyler and M. Gardner, "Effective teacher professional development," Palo Alto, Learning Policy Institute, 2017, pp. 4-16.
⑥ D. Opfer, "Conditions and practices associated with teacher professional development and its impact on instruction in TALIS 2013," in OECD Education Working Papers No. 138, Paris, OECD Publishing, 2016.

陈向明教授认为，教师"专业发展"到教师"专业学习"这一转换的背后反映了研究者与实践者在知识观、对教师职业的理解、教师的培养方式以及教师质量评估标准等方面存在的差异。教师"专业发展"的概念将教师作为有"缺陷"的人，按照事先制定的标准，通过集中培训的方式，将固定不变的知识传授给教师。而教师"专业学习"的概念更注重从教师真实的学习体验出发，理解教师针对自己工作中的具体问题，与教师同行和外来专家共同建构知识的过程。[1]概言之，从教师培训与专业发展走向教师学习的转型与变革，突破了将教师视为被动的改革目标的传统取向，从而将教师视为积极主动的学习者与改革的关键能动者。

二、教师学习的概念内涵

（一）对学习的理解

关于"学习"的研究，在我国已有悠久的历史。早在战国时期，被认为是我国和世界最早的教育专著——《学记》即提出："君子如欲化民成俗，其必由学乎！""玉不琢，不成器；人不学，不知道。"[2]

随着人类学习活动和研究的发展，西方心理学持续开展了关于学习的探讨。从行为主义、认知革命到近三十年发展起来的学习科学，研究者对"什么是学习""人是如何学习的"等问题进行了持续的探索。

关于学习的本质，多数研究者认为，学习是指由经验（或实践）引起的个体知识或行为的相对持久的变化。[3]行为主义将学习的概念定义为在刺激和反应间建立联结的过程。自20世纪50年代末认知科学诞生之后，人们逐渐形成新的学习观。关于认知过程和教学设计领域的专家、美国加州大学圣巴巴拉分校心理学教授理查德·E.梅耶（Mayer）对"什么是学习"做出了诠释：学习是指由经验引起的学习者知识的变化。这一定义表明学习由三个主要部分构成：第一，学习是发生在学习者

---

[1] 陈向明：《从教师"专业发展"到教师"专业学习"》，载《教育发展研究》，2013(8)。
[2] 高时良译注：《学记》，47、53页，北京，人民教育出版社，2016。
[3] [美]安妮塔·伍尔福克：《伍尔福克教育心理学》原书第11版，伍新春、赖丹凤、季娇等译，169页，北京，中国人民大学出版社，2012。

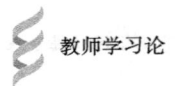

身上的一种变化；第二，学习者的知识发生了变化；第三，这种变化是由学习者的经验引起的。①

经济合作与发展组织指出，学习被看成一种以学习者为中心的，依赖先前知识基础的，基于个人经验、意愿和需求的知识建构过程。②亦有学者认为，不同学科学习与教学的终极目标是获得"适应性专长"或"适应性能力"，即将有意义条件下习得的知识与技能巧妙并创造性地应用到不同情境的能力。③

概言之，学习是一个发展过程。人在学习过程中，既带有自己先前的知识、技能和能力，也带有自己在社会、情感方面的经验。这些经验会影响学习者的价值判断和学习方式。人的学习不仅仅限于知识技能等内容层面，社会情感与意志力等非认知因素，以及人际交往与沟通合作等均会对学习产生影响。人的学习涉及学习者的内在心理过程，同时也需考虑学习的社会性维度，重视人际以及与情境的交互作用。

(二)教师学习的内涵

教师学习与专业目标密切相连，专业目标要求教师不断改善教学实践。据此原则，教师学习即指专业学习。④教师学习既具有学习的一般特性，也有其独特性。教师学习是一个终身的过程，在教师职业生涯中持续发生。教师的专业学习具有情境性、独特性和实践性，大多发生在教师日常工作情境与系统之中。

经济合作与发展组织将教师持续专业学习界定为旨在更新、发展和拓展在职教师的知识、技能、专长及相关特性的正式及非正式活动。⑤ 教师专业学习可以被视

---

① [美]理查德·E.梅耶：《应用学习科学——心理学大师给教师的建议》，盛群力、丁旭、钟丽佳译，14页，北京，中国轻工业出版社，2016。
② 经济合作与发展组织：《理解脑——新的学习科学的诞生》，周加仙等译，21页，北京，教育科学出版社，2014。
③ [德]汉纳·杜蒙、[英]戴维·艾斯坦斯、[法]弗朗西斯科·贝纳维德：《学习的本质：以研究启迪实践》，杨刚等译，33页，北京，教育科学出版社，2020。
④ K. Kwakman, "Factors affecting teachers' participation in professional learning activities," *Teaching and Teacher Education*, 2003 (2).
⑤ L. Boeskens, D. Nusche and M. Yurita, "Policies to support teachers' continuing professional learning: A conceptual framework and mapping of OECD data," in OECD Education Working Papers No. 235. Paris, OECD Publishing, 2020, p. 14.

为与专业相关的思维、知识、技能、思维习惯或投入等方面的明显改变，也可以指教师应用新知识或技能而产生的教学实践改变。① 教师学习的理论原则主要体现在三个方面：学习是参与活动；学习的性质不仅具有个体性，而且具有社会性；学习能让教师在专业上得到发展，是教师获得新知识、技能和价值的过程，旨在改善教师实践。

社会文化理论(sociocultural theory)从社会文化制度、人际和个体三个相互交织的层面对学习进行了分析②，从本质上来看，教师学习主要发生在个体、人际和制度三个层面，这三个层面的学习对教师发展具有独特的价值与意义。教师提升专业知识与技能，首先经历个体层面的改变、转化与发展的过程。同时，教师需要参与合作交流，通过与同事的密切协作获得新的专业能力并逐渐改善实践。此外，通过制度层面的系统培训，教师的学习成效也在制度层面有所呈现，通过积极参与实践，教师能够逐渐增进对教育的道德规范、作为教师的自我、专业态度与专业认同等方面的理解与认同。

概言之，在教育改革背景下，教师需要通过学习重新建构新的课堂角色、重新思考自身实践及对学生发展的期待。终身学习已经成为每位教师的必需。③从终身学习的视角看，教师学习是基于自我成长和外部环境的需要，通过参与学习活动及积极主动的行动反思，教师个体及团队在专业知识、技能、思维或专业投入等方面进一步提升，并最终改善教育教学实践的持续过程。教师的学习既能增长教师的专业知识和技能、提升解决问题与育人能力，也能增进教师专业认同。近年来的研究更加关注教师的全面发展，在强调教师主体意识的同时，教师的学习动机与意愿、情绪与情感、幸福感方面的研究也丰富了教师专业学习的内涵。

---

① M. S. Knapp, "Professional development as a policy pathway," *Review of Research in Education*, 2003(1).

② B. Rogoff, "Observing sociocultural activity on three planes: Participatory appropriation, guided participation, and apprenticeship," in J. V. Wertsch, P. del Río and A. Alvarez, *Sociocultural studies of mind*, New York, Cambridge University Press, 1995, pp. 139-164.

③ C. Day and J. Sachs, "Professionalism, performativity and empowerment: discourses in the politics, policies and purposes of continuing professional development," in C. Day and J. Sachs, *International handbook on the continuing professional development of teachers*, Maidenhead, Open University Press, 2004, pp. 3-32.

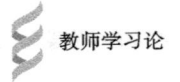

第二节 教师学习的核心议题

终身学习已成为教师适应教育改革与促进自身发展的必由之路。基于传统培训存在的不足及有效专业发展的研究,研究者对教师学习进行了大量研究。本节基于国际领域教师专业学习的政策与研究,重点探讨教师学习的核心议题,探讨教师学习的内容与方式,以及教师学习的情境等领域的研究现状。

一、教师学习的内容

2019年,基于教师教学国际调查(TALIS 2018)结果,经济合作与发展组织发布题为《作为终身学习者的教师与学校领导》的报告,对教师学习进行国际比较研究。综合诸多研究,国际研究领域关于教师学习的重要议题主要涉及教师学习的内容、教师学习的方式、教师学习的情境等方面:关注和确定教师需要学习的内容;变革教师学习方式,凸显情境学习与学习共同体的重要性,将实践作为专业学习的现场;强调教师学习的社会文化制度背景,建构教师学习生态系统。

研究者认为,在分析教师专业发展的影响时,最重要的是教师学习的内容。有效的专业发展的核心特征之一是以内容知识为中心。[1]教师专业发展应该提高教师所教学科的知识,应该加深其对学生学习学科的思维理解,教师学习的内容包括教学技能、学科理解和学生学习。将聚焦专业知识与专业能力的培训课程与教师实际工作经验相联系十分重要。

高质量的教师学习和研究高度关注学生学习及其影响。教师在协作团队中共同探讨学生学习成绩,就某一特定学科范围进行思考。这种集体协作活动促使教师倾听不同的声音,更密切关注、检讨自身实践,重新构想工作的可能性。在这样的学

---

[1] M. S. Garet, A. C. Porter and L. Desimone, "What makes professional development effective? Result from a national sample of teachers," *American Educational Research Journal*, 2001 (4).

习和探究过程中，教师有了更多的学习收获，教学实践有更多改变，教师知识也有更多增长。①

研究者认为，教师专业发展和学习的内容主要集中于专业知识和专业技能等方面，如学科内容或一般教学法；具体教学实践，如特定课程资料，或指定教学策略；对学生学习目标的理解；学生学习的方式等。教师通过参与专业发展活动，需要学习的内容主要包括所教学科的知识，关于儿童和青少年发展的知识，关于学习、课程资源和技术的知识，以及如何协作，如何进行分析与反思实践，如何开展教学评估，如何改进教学等方面。②

聚焦学习内容是提升教师专业发展质量的重要着力点之一。研究表明，教师学习的内容主要集中于学科内容或一般教学法知识，具体的教学实践技能，如课程与教学策略，以及对学生学习目标的理解和学生学习的方式与评估等。③ 例如，经济合作与发展组织在教师教学国际调查（TALIS 2018）研究报告中指出，在参与调研的教师中，超过70%的教师学习了所教学科的知识和教学法知识。④此外，学校发展的优先关注点和教育改革议题也是教师专业学习内容的重要组成部分。⑤

概言之，教师学习的内容比较广泛，涵盖理论与实践等不同层面。根据教师专业标准及专业学习需求，教师学习的内容可大致归纳为专业知识、专业技能、专业理念与师德三个方面。

第一，教师需学习的专业知识，主要包含学科知识与教学内容知识、课程理解与教材把握、课程设计、学生学习、学生发展与评价、生涯规划、所处情境的社会因素、教育改革或理论等方面。

第二，教师需学习的专业技能，主要涉及班级管理、课堂教学设计与教学实

---

① J. W. Little, "Looking at student work' in the United States: A case of competing impulses in professional development," in C. Day and J. Sachs, *International handbook on the continuing professional development of teachers*, Maidenhead, Open University Press, 2009, pp. 94-118.

② L. Darling-Hammond, "Teacher learning that supports student learning," *Educational Leadership*, 1998 (5).

③ M. S. Garet, A. C. Porter and L. Desimone, "What makes professional development effective? Result from a national sample of teachers," *American Educational Research Journal*, 2001 (4).

④ OECD, "TALIS 2018 Results (Volume Ⅰ): Teachers and school leaders as lifelong learners," Paris, OECD Publishing, 2019.

⑤ L. Darling-Hammond, M. E. Hyler and M. Gardner, "Effective teacher professional development," Palo Alto, Learning Policy Institute, 2017, pp. 4-16.

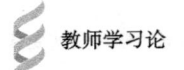

施、教学评价、研究与反思、教学资源运用、信息技术使用等方面。此外，教师也需要提升人际交往等方面的能力，培养良好的学习与为人处世的态度，知道如何有效地与同事协作，与同事、学生、家长、行政人员进行有效的人际沟通，进而胜任教育教学工作。

第三，在专业理念与师德方面，教师需提升师德修养、道德规范、专业态度与专业认同，通过学习和理解，体悟到教师与教育的价值和精神之所在，对教学专业有更多的认同感，对教育工作更加投入、热爱与高度负责。这方面的学习，对其持续专业成长的影响更为深远。

二、教师学习的方式

教师学习的方式与策略较为多元，既包含培训课程、教研活动、观课评课、工作坊、大学课程与学历提升等正式的学习方式，也包含在工作情境中，教师与同事的对话与交流等非正式的学习方式。

研究者认为，教师的专业学习机会存在于实践本身，即教师对日常工作的反思与总结；实践之外的情境包括为专业学习而正式设计的工作坊、课程等。此外，非正式场合（如阅读期刊或与同事交谈）、短暂的学习经验（如参加会议）、持续的经验（如长期的学习小组），以及其他目的的活动（如合作课程开发与学生学习评估）等均为教师学习提供了机会。[1]

教师学习和专业发展活动的形式分为协作、个体探究、体验学习、会议/工作坊、校本培训、研究生课程等。教师参与的各类学习活动，关注实践的某些特定部分，不同的学习活动有不同的作用。[2]

教师参与的专业学习活动可分为阅读、实验和反思等个体活动，以及协作活动等不同类型。[3] 在教师学习的个体活动中，阅读旨在获得新知识，更新影响专业领

---

[1] M. S. Knapp, "Professional development as a policy pathway," *Review of Research in Education*, 2003(1).

[2] J. P. Scribner, "Professional development: Untangling the influence of work context on teacher learning," *Educational Administration Quarterly*, 1999(2).

[3] K. Kwakman, "Factors affecting teachers' participation in professional learning activities," *Teaching and Teacher Education*, 2003(2).

域的新洞见，如新学科、新的教学方法与规程、新的教学方式，以及影响教育教学的新思想。"做"和"实验"是指在课堂中，教师有目的、有意向地进行新尝试，在应用新理念的同时获得教育教学新体验。反思是专业发展的基础，基于反馈的反思行动能够改善专业实践。教师协作能为教师的学习提供必要支持和反馈意见，并带来新理念和新挑战。此外，教师参与的专业学习活动也会超越上述类型，教师在非常规的活动任务或人际交往过程中也能进行学习。教师专业学习活动方式与类型见表 1-1。

表 1-1　教师专业学习活动方式与类型①

类型		专业学习活动
个体活动	阅读(reading)	学科文献；专业杂志；教学手册；报纸等
	实验(experimenting)	帮助学生学习技能；个别备课；新教学方法；课程资料；考试等
	反思(reflection)	指导实习生；获得指导；指导同事；对学生的反馈等
协作活动	协作(collaborating)	讲故事(story telling)；帮助：获得和给予帮助；分享：资料、关于改革的理念、教学问题、学生咨询的理念、教育观念等；协同工作；协调，加入委员会，备课，实施改革
其他		学生咨询；执行非课程任务；管理；组织学生课外活动；课堂中与学生互动；自己教学等

就教师学习的方式与策略而言，教师在协作中分享课堂管理策略、教学技能、教学内容知识、学生学习、教育改革或相关理论，在专业对话中找到教学问题的实践解决方式。

概言之，教师学习方式较为多元。从活动组织来看，正式的专业发展活动(如在职培训、工作坊、会议、校本专业发展活动和大学课程等)与非正式的学习活动共同促进教师学习。从参与者视角来看，教师学习大致可以分为教师个体探究活动及协作学习活动。教师学习既包含有意义的接受性学习(如读书、听报告、参加学

---

① K. Kwakman, "Factors affecting teachers' participation in professional learning activities," *Teaching and Teacher Education*, 2003(2).

术会议等)、实践性参与式学习(如日常课堂教学实践、观课评课、上公开课、专题研讨等),也包括反思性的研究性学习(如做课题、写论文等)。有效的专业学习形式能够激发教师学习动机、提升学习质量。此外,随着信息技术的发展,利用数字技术赋能和创新的教师专业学习活动日益增加。在线课程、慕课等为教师专业学习提供了更多机会,并为教师协作学习提供了虚拟空间。

三、教师学习的情境

当前,基于教师工作场域的情境学习日益受到重视。由于传统的教师培训脱离教师工作情境、缺少跟进,因此并不能使教师的课堂产生真正有意义的改变。基于传统培训方式的不足,政策制定者、实践者和研究者从提升教师专业发展有效性的角度,提出要基于专业学习的视角,在协作的工作与实践情境中为教师创设积极持续的学习体验以实现成长。

研究者认为,教师学习需考虑三个维度的情境。第一,由学生和学科共同构成的教师工作的核心情境(core context)。在课堂核心情境中,教师以所教学科和教学内容为媒介与学生交往互动,形成教与学。教师学习具有经验性,从经验中学习是最重要的学习途径。第二,身处于学校之中的中间情境(intermediate context)。学校组织结构、政策与工作任务,以及与同事、校长之间的交往关系等情境因素会影响教师的工作和学习。第三,学校之外的外围情境(peripheral context),主要关涉家庭、学校所在社区及更广阔的政策制度情境。[1]

概言之,教师的学习与工作情境是多维度、多元的,主要由课堂情境、学校情境、家庭和社群情境,以及政策和专业情境等构成。随着时代变化以及信息社会的发展,在教育改革背景下,教师置身其中的工作与学习情境要求教师培训进行改革。

一方面,在教育系统与制度情境层面,随着教育治理变革的推进,学校与校外机构的横向联系日益密切,通过与高校、培训机构、各类社会机构等建立协同机制

---

[1] J. P. Scribner. "Teacher learning in context: The special case of rural high school teachers," *Education Policy Analysis Archives*, 2003 (12).

或伙伴合作关系，学校可以利用外部专业知识和资源，在更加广阔的教育情境中为教师成长提供更多机会，优化培训内容与培训方式，共同构建教师专业发展支持体系，推进培训提质增效，对促进教师学习产生积极影响。

另一方面，在学校组织情境层面，学校对教师专业发展的支持程度会对教师专业学习及学习结果与效果产生直接影响。为提升教师培训与专业发展的实效性，学校需要激发教师学习的主动性与积极性，加强教师合作，构建支持性的专业社群与实践共同体，强化基于实践导向的情境学习，提升教师专业素养。

从国际研究来看，近些年来，传统的教师培训已发生从"专业发展"走向"专业学习"的范式转移。①如此转向，突破了将教师视为被动的改革目标的传统取向，而将教师视为积极主动的学习者与改革的关键能动者。优化教师学习内容、创新教师学习方式，为教师设计并提供基于问题解决的实践取向的情境学习路径，回应了关于教师专业学习的政策取向与研究成果，有助于实现教师终身学习和生涯发展，进而促进教师队伍高质量发展。

第三节　新技术赋能教师学习变革

随着互联网、信息技术、人工智能等新技术的快速发展和广泛应用，如何借助新技术推动教师培训改革、促进教师学习与发展成为教师教育领域的重要研究议题。习近平总书记在党的二十大报告中明确指出，要"推进教育数字化，建设全民终身学习的学习型社会、学习型大国"。教育数字化是构建服务全民终身学习教育体系的重要路径，指明了教育高质量发展的新要求和新动能。数字化转型为教师培训变革构建了新环境，为创新教师学习方式提供了新动力。本部分首先探讨技术进步推动教师培训改革的时代背景，进而探寻新技术赋能教师学习的实践路径。

---

① L. B. Easton, "From professional development to professional learning," *Phi Delta Kappan*, 2008 (10).

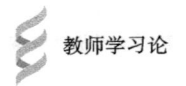

一、新技术进步推动教师培训改革

（一）信息技术发展对教师培训提出新要求

自 2018 年教育部印发《教育信息化 2.0 行动计划》以来，我国教育信息化建设进入了新阶段。传统信息技术逐步实现智能升级，技术赋能教师教育的形态发生重大变革。随着大数据、人工智能、虚拟现实、区块链等先进信息技术的发展以及与教育教学的融合，"互联网+"、数字化转型正在推动学校教学环境、资源建设方式、教育组织形态、教育供给模式以及教育理念与规律的综合性变革。信息技术对教师工作、教师专业素养提出新要求，如何借助技术推进教师培训变革，是当前教师培训领域探讨的重要议题。

一是技术变革推动着课堂教学方式与学生学习方式的变革，给教师工作带来新挑战。一方面，在课程设置上，教师要在内容、技术手段等方面体现现代技术的特点和要求，让"互联网+"、人工智能、大数据等进入地方课程和校本课程。另一方面，教育信息化使教与学的关系发生了变化，教师要持续改进教与学的方式，基于学习方式多样化的未来学习，倡导公平，注重基于对话、合作和探究的课堂构建，以进一步培养学生核心素养，让学生为未来的生活和工作做好准备。

二是信息技术与教育教学的深度融合，对教师需要具备的专业素养提出新要求。在新的教育生态中，教师面临教与学关系的重构、教学内容更新、智能技术应用、教学空间转换等新的挑战。为适应技术变革和角色转变，教师需要具备信息素养、数字素养和知识融合、学科交叉与课程整合的能力。教师对于教育教学能力、技术整合与应用能力、学习支持与服务能力等方面均有新的需求。教育部发布的教育行业标准《教师数字素养》明确了教师应具备的数字素养，即"教师适当利用数字技术获取、加工、使用、管理和评价数字信息和资源，发现、分析和解决教育教学问题，优化、创新和变革教育教学活动而具有的意识、能力和责任"。《教师数字素养》对教师数字化意识、数字技术知识与技能、数字化应用、数字社会责任等方面的能力提出了具体要求。"互联网+"教育背景下，教师需要具备信息化时代的专业素养，提升应对未来教育教学工作的适应性。

三是技术发展对教师培训变革提出新要求。《教师教育振兴行动计划（2018—2022年）》推出"互联网+教师教育"创新行动，强调应充分利用大数据、人工智能等新技术，助力教师教育理念与模式变革，推进教师教育信息化建设与应用。教育行业标准《教师数字素养》中关于专业发展的两个维度，即"数字化学习与研修"与"数字化教学研究与创新"，为教师培训变革指明了方向与路径。首先，培训内容需要强化教师利用数字技术资源进行教育教学知识技能学习与分享的能力，提升教师教学实践反思与改进的能力，包括利用数字技术资源持续学习，利用数字技术资源支持反思与改进，以及参与或主持网络研修的能力。其次，在培训中，教师需要围绕数字化教学的相关问题开展教学研究，提升利用数字技术资源实现教学创新的能力，开展数字化教学研究，创新教学模式与学习方式。促进人工智能、大数据等技术与教师队伍建设的有效整合，创新教师研修模式，提升教师在教育教学中使用新技术的胜任力与适应力，是当前我国教师培训政策与实践关注的重要议题。

（二）信息技术助力教师培训创新的基本路径

自1999年《中小学教师继续教育规定》颁布以来，我国教师培训的规模、经费投入、相关制度和体系建设等不断发展。然而，不少地区的教师培训工作也面临一些现实问题，如对教师培训的需求分析不够细致与准确、培训内容重复与泛化、培训满意度不高等。随着"互联网+"教育与教育数字化转型的推进，利用新技术推进教师培训变革成为现实。

国家政策高度关注信息技术与教师培训的整合。《中共中央 国务院关于全面深化新时代教师队伍建设改革的意见》明确提出"教师主动适应信息化、人工智能等新技术变革，积极有效开展教育教学"的要求。互联网相关技术已经广泛应用于智能辅导、微格教学、自适应学习、沉浸学习、自动测评、课堂评价、数据决策、智能治理等场景。[①] 2021年5月，《教育部 财政部关于实施中小学幼儿园教师国家级培训计划（2021—2025年）的通知》，强调推进人工智能与教师培训融合发展，形成人工智能支持教师终身学习、持续发展的新机制。《教育部教师工作司2022年工作

---

① 杨晓哲、任友群：《教育人工智能的下一步：应用场景与推进策略》，载《中国电化教育》，2021（1）。

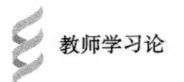

要点》指出:"推进第二批人工智能助推教师队伍建设试点工作,开发和应用教师智能助手,探索开展教师智能研修,推广完善'双师课堂'。"

利用新技术推进教师培训变革,促进信息技术与教师培训的融合发展,能够为教师学习课程资源、培训模式、平台与体系建设等提供新的方法与手段,推动教师培训理念与实践的智能转型。

第一,新技术赋能教师培训的一大优势在于可通过数字化课程推进教师培训课程体系趋向完善与系统化。以往的教师培训课程以面授为主,虽然也包括微课、短视频、精品课等信息化形式,但是随着新课程标准的颁布与新教材的逐步使用,教师培训回应教育改革的数字化资源动态更新、培训课程资源建设质量与区域协同、培训课程的针对性与实效性等问题需要进一步解决。在人工智能时代,教师培训课程、教师研修资源等均可被表征为较易传播与计算的数字形态,可以通过加强数字化课程建设,推进教师培训课程资源智能化开放共享,并基于智能监测与精准诊断,实现精准化的课程推送、个性化的助学支持。

第二,新技术赋能的教师培训可以创新学习模式,通过混合式研修与线上虚拟研修空间等方式打造线上线下一体化的培训新机制。"智能+教育"模式打破了传统教师培训的时空局限,增强了教师培训的灵活性,并能为教师提供沉浸性更强的研修情境,跨区域培训云平台有助于拓展教师专业学习空间。例如,北京市通过"双师课堂"等方式,尝试推进名校名师与普通教师开展线上交流、组建专业成长共同体,利用在线互动课堂、名师网络工作室等,推进信息技术与教师研修的融合,为课程教学实践与反思,教与学知识的生产、合作与交流等提供了新的方式与空间,进一步提升了教师培训的针对性与有效性。

第三,新技术赋能教师培训网络研修平台建设,为教师终身发展与学习生态系统建构提供了重要支撑。通过网络研修平台,基于教师研修数据的智能追踪,可以满足不同层次(如新任教师、骨干教师、特级教师等)、不同类型(如农村教师、城镇教师)的教师的学习需求,建构线上与线下、必修与选修相融通的精准化教师研修模式,完善基于分层分类的精准化教师培训体系。同时,以规模化数据和智能算法为中介,有利于教育行政部门、教师培训机构、学校等决策主体建立基于证据的教师培训协同机制,打造教师学习新生态。

二、新技术赋能教师学习的实践路径

国家教育战略将创新教育融合应用体系与优化教育服务供给体系作为推进"互联网+教育"的重要任务。互联网等新技术正在推动教育服务模式、管理模式和教育组织体系的创新。找准教育信息化在新阶段的着力点，要关注教育供给侧改革。①信息技术与教师培训的深度融合，需要培训者掌握智能时代教师专业发展与专业学习的新理念，基于新技术实现设计理念的更新和实践创新。技术赋能教师学习的实践路径主要体现在培训课程与内容、培训方式、培训管理与体系等方面。

（一）以数字化课程资源建设完善教师学习课程内容体系

一是区域教育行政部门、各级各类教师培训机构及中小学校携手打造数字化培训课程资源库。立足教师群体的数字画像及教师培训标准，积极利用虚拟现实、增强现实、智能云等智能技术，关注教师教学技能网络模拟实训与教育理论在线学习，充分整合微课、慕课、直播课、公开课等数字化课程资源，推动数字化教师培训课程资源系统化建设。例如，"北京教师学习网"作为集课程资源、大数据管理和技术支持服务于一体的研修学习平台，为全市干部教师培训、公共必修课的全员培训，以及市级培训、"国培计划"等各级各类干部教师培训课程学习提供平台支持服务，为干部教师提供理念新颖、内容丰富、实用便捷的优质课程资源，极大地拓宽了教师获取信息的渠道。

二是创设数字化教师培训课程资源的智能推送与共享机制。教育行政部门、各级培训机构可依托"国培计划"、区域教师培训等各级各类教师专业发展项目，建立优质数字化课程资源开发与遴选机制，遴选优质数字化资源，明确数字化教师培训资源准入门槛，利用大数据分析与智能画像技术，通过智能筛选、提取和整合教师专业学习需求信息，基于教师专业学习的数字画像，有针对性地为教师推送定制化课程资源。

---

① 陈丽：《教育信息化2.0：互联网促进教育变革的趋势与方向》，载《中国远程教育》，2018(9)。

三是创设基于证据可视化的教师培训课程质量分析机制。基于课程资源使用记录、大数据分析、图像识别、视频分析等技术，可对教师参与培训的投入、学习过程与成效等方面进行电子存档和质量监测，动态采集教师培训后的教育教学行为的改变，通过数据筛选、数据比较、数据整合、数据呈现等一系列证据可视化流程，及时了解和持续跟进教师学习结果与成效，通过教师培训质量评估结果与改进方案的可视化呈现，进一步明确教师培训课程建设与培训质量的改进方向与提升路径。

（二）以技术支持推动培训方式变革，促进教师学习个性化与自主发展

《教育部 财政部关于实施中小学幼儿园教师国家级培训计划（2021—2025年）的通知》强调，要实行分层分类精准培训，建立教师自主发展机制。落实国家教育数字化战略行动，以新技术和数字化赋能教师培训，在强化数字化课程学习资源建设的基础上，通过在线研修、混合式研修等方式，创新教师培训和学习方式，对教师学习行为数据进行深度研究和跟踪分析，可以从满足教师个性化学习需求角度推动精准培训改革。

一是利用新技术为教师创建具有高度参与性的、个性化的学习体验，满足教师个性化发展需求。多元资源加快了信息更替的水平，以互联网为特征的计算机技术的发展打破了传统教学方式的束缚，"学习者可以在网络上自主选择学习内容、学习方式、学习资源、学习伙伴，从而真正实现个性化、自主化的学习"。[1]国家智慧教育公共服务平台、慕课等基于互联网的教学模式，以及"线上+线下+工作现场"的混合式研修模式得到广泛应用，有助于教师通过个性化的线上学习切实提升培训质量。人工智能技术的介入，使学习者的学习体验得以增强，使学习者的交互需求及时得到回应，有助于满足教师个体学习需求，推动教师个性化知识与创造性知识的自我建构与生成。

二是数据驱动学习评价，为教师终身学习与持续发展提供技术支持，助力提升培训精准性。教育人工智能系统整合了人工智能和教育数据挖掘（educational data mining, EDM）技术（如机器学习算法）以跟踪学生行为数据，预测其学习表现，以

---

[1] 蒋志辉：《网络环境下个性化学习的模式建构与策略优化》，载《中国远程教育》，2013(2)。

支持个性化学习。①数据驱动的学习分析技术能为实现集体教学个性化提供技术基础。②基于技术支持，培训者可以在教师专业学习情境中进行伴随式、全过程数据采集，制作专业学习电子档案和成长记录，刻画教师成长画像，对教师学习的成效进行评价。通过人工智能等新技术，培训者可以更深入、更微观地窥视、理解教师学习的发生机制与影响因素，为教师有效学习创造条件。

三是创设灵活开放的教师学习空间与环境。"互联网+"时代背景下，教师的学习环境、学习情境与学习空间均发生改变。智能技术让教师学习时间更具弹性，正式学习和非正式学习的界限因线上、线下结合的研修方式变得模糊。混合式研修融合现实、线下与工作现场，构建了如虚拟仿真实验、创客空间、智慧教室等真实的、贴近教学的专业环境。③移动学习、技术支持的自主学习、虚拟社区学习共同体、网络协作教研共同体、网络校际协同教研、信息技术支持的校本研修等基于网络环境的教师培训与学习新模式已走进学校并得到广泛使用。例如，区域或学校通过直播技术与网络视频会议开展远程同课异构活动，将真实教学情境与混合式研修相结合，有助于解决教师在教学中遇到的实际问题。混合式学习设计能够基于线上、线下和现场教学，设计开放式的学习活动、真实的学习体验，有助于增强培训与专业发展活动的吸引力，切实提高教师学习的实效性。

（三）以教师培训供给侧改革助力构建教师学习新生态

基于信息技术的快速发展，教师学习资源的供给主体日趋多元。从培训管理体系来看，各级政府、高校与培训机构、企业等社会机构共建共享资源平台，打破了信息与资源之间的壁垒，资源之间不再封闭和孤立，从而推进了教师培训供给侧改革。互联网等新技术赋能教师学习，专业学习资源体现了适应性、交互性和生成性的特点，促进了个性化专业学习资源模式的构建。

---

① 余明华、冯翔、祝智庭：《人工智能视域下机器学习的教育应用与创新探索》，载《远程教育杂志》，2017(3)。
② 冯晓英、曹洁婷、黄洛颖：《"互联网+"时代混合式学习设计的方法策略》，载《中国远程教育》，2020(8)。
③ 冯晓英、郭婉瑢：《"互联网+"时代的混合式教师研修：理念与实施路径》，载《教师发展研究》，2021(1)。

在"互联网+"时代，教育供给侧改革是三位一体的。[①] 政府致力于政策制定、公共服务体系建设和在线学习平台搭建，培训机构与相关院校致力于提升培训质量，企业与相关机构重点关注技术和服务模式在培训领域的改革创新。多元供给主体与多方合作共同构建了教师专业发展支持体系，形成了教师学习的新生态和新格局。

随着教育领域的数字化转型，互联网、人工智能等新技术已深度融入教师培训与学习。加强数字化课程与资源建设，推进教师学习资源智能化开放共享；强化混合式研修、智能研修等多元学习方式，创设基于分层分类分岗的精准化教师培训体系；建构灵活便捷的教学组织、有效的支持环境与服务、密切的政企校协同关系等将是未来教师学习持续创新的方向。自2022年年末以来，生成式人工智能（Generative Artificial Intelligence）的广泛应用，为促进教师学习提供了新动能，成为加速教师培训变革的重要驱动力。面对智能技术的持续迭代，在推进教育数字化转型的过程中，如何审慎对待人工智能技术的新发展，如何利用数字技术赋能教师高质量发展，是教育研究者和实践者面临的重要议题。

---

① 陈丽：《"互联网+教育"的创新本质与变革趋势》，载《远程教育杂志》，2016(4)。

第二章
教师学习的理论基础与影响因素

本章概述

为探讨教师学习的发生机制及促进教师有效学习，需要厘清教师学习的学理逻辑及其影响因素。本章从两个视角阐述教师学习的理论基础：一是关于学习的代表性理论，涵盖行为取向、认知取向、情境取向等基础性理论；二是为促进教师学习提供方法论支撑的相关理论，关涉实践共同体理论、社会文化理论、在线学习理论等议题。为提升教师学习成效和推进教师培训高质量发展，需要从教师个体、学校组织、制度情境等层面分析教师学习的影响因素，对教师学习系统中的多重影响因素进行系统整体的考量。

第一节 教师学习的理论基础

为探讨作为终身学习者的教师的学习是如何发生的，以及采用何种方式促进教师学习，首先需要深入学习研究的众多领域，就相关理论进行梳理。本节从两个视角阐述教师学习的理论基础：一是关于学习的代表性理论，分别从行为取向、认知取向、情境取向三个角度探询教师学习研究的基础性理论；二是针对能够直接为教师学习提供方法论支撑、促进有效学习的相关理论做简要梳理，主要聚焦于实践共同体理论、社会文化理论和在线学习理论。

一、学习的基础性理论

（一）以知识学习为主导的行为取向：知识学习理论

早期教育学家和心理学家从行为科学的理论出发开展教师有效教学、教学"过程—结果"等研究，认为支撑教学行为背后的知识才是教师有效教学的关键。[1] 教师个体如何学习才能成为好教师、创造出好的教学实践，需要将"学习教学"视为接受教学知识与能力的培训与训练，即获得、积累、内化陈述性与程序性知识和技能，形成心智图式。对此，以舒尔曼（Shulman）为代表的研究者投入揭示教师教学知识基础的研究中，提出教师的知识包括：学科知识、教学内容知识、课程知识、一般教学知识、教育目标的知识、学生的知识及与教育目的相关的知识等。之后，美国心理学家加涅（Gagne）提出了学习等级或累积学习的观点，认为在掌握复杂的行为单元之前，应该先掌握简单的、更小的行为单元。[2] 这一观点为教学内容的编排提供了依据，为了促进知识的获得和技能的形成，必须将复杂的教学任务分解，

---

[1] M. Thomasian, "The wisdom of practice: Essays on teaching, learning, and learning to teach, by Lee S. Shulman," *Journal of Catholic Education*, 2007(2).

[2] J. R. Anderson, C. F. Boyle and B. J. Reiser, "Intelligent tutoring systems," *Science*, 1985(4698).

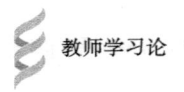

即进行任务分析,把教学任务分为一个个小的任务,并按照由简单到复杂、由部分到整体、由简化情境到复杂情境的顺序加以排列,进行训练。但这种任务分解与累积学习的构想与做法也曾被研究者质疑,他们认为这样的教学方式很容易导致机械的学习。

此外,心理学研究者认为,知识源于个体的感觉经验(sensory experience)。尽管世界具有客观存在的本性,但唯有那些被人所感知到的才是重要且有意义的。基于此,研究者认为教学是相对个性化的工作,教师需要把知识作为个体内部心理的表征,通过确立明确、详细的教学目标与计划,有效地组织课堂教学活动。教师学习发生在复杂的社会和技术环境中,教师知识的学习具有社会性和分布式的属性,建立实践共同体、知识建构共同体、指导和辅导等方式,能够为教师学习提供有效的社会支持。因此,教师培训者可以为教师专业学习创设适宜的学习任务和有效的学习路径,进而丰富和提升教师的专业知识和技能,增进对教师专业的认同,强化教师对工作的道德感与责任感。但随着教育的改革与社会的发展,教师的学习正在发生深刻的变化,包括但不限于知识技能的学习。对教育学、心理学、计算机科学等交叉学科的研究与应用正在服务于教师学习研究,特别是对教师学习动态过程的研究与监测,为我们更清晰、全面地了解教师学习提供了新的视角和思路。

(二)以认知过程为主导的认知取向:社会学习理论

知识学习理论关注到教师个人知识学习与应用的重要性,但对教师为什么学会(或学不会)的解释力度还不够,甚至无法解释教师对于知识学习结果的差异。而社会学习理论(social learning theory)聚焦个体内部的认知过程,强调认知因素对教师学习的影响。社会学习理论是在行为主义"刺激—反应"学习原理的基础上发展起来的。之后,社会心理学家班杜拉(Bandura)对社会学习理论进行了更为深刻、广泛的探讨,系统阐述了社会学习理论的基本观点和理论框架。该理论强调个体当前的行为受到其过去的经验、观察学习、自我调节以及个体与环境相互作用的影响。该理论认为,在某些情境下,个体的行为随着时间的流逝会变成某种习惯,当再次遇到同样的情境时,个体倾向于用同样的方式做出反应,这就是社会学习的结果。社会学习理论认为个体的学习行为有三种机制,分别是联结(association)、强化(reinforcement)和观察学习(observational learning)。

联结。联结源于巴甫洛夫(Ivan Petrovich Pavlov)的经典条件反射学说,认为学习就是刺激—反应联结(铃声与分泌唾液之间的联结)的形成,如情境与行为联结,一种行为与另一种行为的联结。个体就是通过联结而习得对某一事物的态度和认知,进而产生行为的变化的。

强化。强化分为正强化和负强化,个体表现某个行为是因为随后会有一个令人愉快的或能满足其某种需要的东西出现,这就形成了正强化;而个体避免表现某种行为是因为随后会有一个不愉快的结果出现,这就形成了负强化。在行为强化过程中,强化物、强化频率、强化时间等都会对人们的行为产生影响。此外,强化还分为直接强化、替代强化与自我强化。直接强化是个体的行为受到自己行为的直接后果的影响;替代强化是个体首先会观察他人的行为后果,进而考虑是否以及怎样做出相同的行为;自我强化是个体在做出行为之后,对自己的认知与评价会影响他们后续的行为表现。

观察学习。观察学习以认知为基础,将环境或情境中的他人作为重要的信息来源,通过观察他人的行为得到某种认知表象,并以此指导自己以后的行为。例如,父母的言行是儿童表达与行为再现的重要信息源,教师于学生是行为世范的榜样,培训者是学习者观察学习、模仿的对象。观察学习可以在没有任何其他外在强化的情况下出现,个体仅仅通过观察别人的行为就能学习到复杂的行为过程。因此,在尚未表现出行为时,个体就已经学到了如何去做,这样就可能避免出现一些不必要的错误。

社会学习理论综合了行为主义和认知心理学领域的重要研究成果,揭示了人类学习的发生机制,在当前的实际社会生活中依然具有广泛的影响。该理论强调从人类行为那里获取第一手资料的重要性,即个体的认知过程以及个体与其所处环境之间的相互作用,是学习得以发生的重要机制,这为新时代教师的学习行为提供了重要的理论支撑。教师学习首先发生在教师个体层面,而大脑是个体学习的器官,是人类进行信息加工的生理基础。基于脑的学习是一种基于人类脑结构和功能的学习,向学习者提供适合大脑加工过程的学习机会。只有了解大脑的学习规律,培训者才能设计与大脑相宜的学习任务,建构与大脑相宜的教师学习课程。当然,教师学习不仅仅局限于课堂上的教学互动,还需要教师关注课堂以外的变化,社会的转型、时代的变迁、科技的更新等都让教师学习无处不在。因此,教师应该积极参与各种培训和学习活动，只有在与他人的互动和交流中学习他人、主动实践，才能适应新时代的教育需求。

（三）以人与环境交互作用为主导的情境取向：情境认知理论

社会学习理论虽然关注到了环境或情境对个体的学习会产生影响，但其重点强调的是个体的认知加工过程是学习发生的内在机制。而情境认知理论（situated cognition）则关注个体如何在不同的情境中获取、处理和利用信息，以及这些信息如何影响他们的思考和行为。该理论强调，认识是环境的产物，个体与其所依存的物理和社会情境相互作用，情境是整个学习过程中重要且有意义的组成部分。情境理论对学习重新进行了界定，认为学习的实质是个体参与实践，与他人、环境等相互作用的过程，是个体形成参与实践活动的能力、提高社会化水平的过程。[1]情境认知理论从个体认知、决策过程、学习发生三个方面强调了自然情境的作用，即高级心理功能在个体内心理水平和群体间心理水平相互转化的过程。

首先，情境认知理论强调了情境对个体认知的影响。该理论认为，个体的认知并不是孤立进行的，而是在特定的社会和文化环境中进行的。这种环境既包括物理环境，如空间、时间和社会结构，也包括心理环境，如个体的情绪状态、价值观和社会角色等。这些因素都会影响个体对信息的接收、理解和处理。

其次，情境认知理论也关注了情境对决策过程的影响。在决策过程中，个体需要根据当前的信息来预测未来的可能结果，并根据这些预测来选择最合适的行动。这个过程受到许多因素的影响，包括个体的知识、经验、情绪和价值观等。而这些因素可能会随着情境的变化而变化，从而影响决策的结果。

最后，情境认知理论还探讨了情境与学习的关系。该理论认为，学习不仅仅是通过重复和强化来实现的，更重要的是创设有助于概念理解和问题解决的开放式环境，通过在实际情境中对信息的整合和解决问题，实现教师的深度学习。因此，情境交互中的学习需要把情境中人们所说的和所做的，看作进一步探讨和思考的潜在资源。这种学习方式更符合人类的认知特性，与环境的不断互动更能促进个体的发

---

[1] 姚梅林、王泽荣、吕红梅：《从学习理论的变革看有效教学的发展趋势》，载《北京师范大学学报（社会科学版）》，2003(5)。

展，从而使个体更好地适应社会。

总体而言，情境认知理论为研究者提供了一个理解和解释教师学习行为的系统框架，提示教师学习不仅是为了获得用于教育教学的学科知识，而且要将自己置于知识产生的特定物理或社会情境中。唯有将学习嵌入其所关联的社会和自然情境之中，学习才会被赋予真正的意义，有意义的学习才有可能真实发生，教育才能真正服务人的全面发展。

综上所述，不同取向下的教师学习理论的侧重点各有不同，但并不是相互排斥和否定的，而是对原有理论的发展、丰富和深化，也让研究者对新时代的教师学习有了更加全面的理解。教师学习只有在尊重个体内在加工机制形成学习结果的差异的基础上，努力创设有助于教师互动、探究的实践环境，激活教师深度学习思维，才有可能提升教师培训质量、促进教师获得发展。

二、教师学习的支撑性理论

基于教师培训的视角，若要提高教师学习的实效性，则需要培训者深入理解教师的学习需求和偏好，精心设计符合教师认知规律的学习内容、学习方式，创设促进教师学习的实践情境。实践共同体理论、社会文化理论与在线学习理论能为教师培训项目的科学设计和有效实施提供方法论支撑，为提高培训质量提供理论依据和实践参考。

（一）实践共同体理论

上文提到的情境学习理论强调了学习具有情境属性，教师学习不能从其社群和环境中脱离出来。实践共同体理论认为，个体的行为和观念并非完全由个体自身决定，而是在与他人的互动中形成和发展的。这种互动建构起来的场域，形成了一个个具有特定群体文化和价值观的实践共同体。实践共同体是教师学习发生的基本场域，是建立在实践活动基础上的共同体。在学习过程中，教师个体与他人的关系非常关键，教师学习是教师在实践共同体或社群中基于互动的改变。在实践共同体中，具有不同教学专长的教师通过观课、教学指导、合作研讨、交流分享、倾听与反馈等方式，能够形成良好的学习文化氛围，从而对课程、教学和评价形成新的理解。通过这样的实践情境，教师可以发现自身的不足，不断调整和优化自己的教学方式，尝试新的教学方法和策略，从而获得新的实践经验和反馈。

研究者认为，实践共同体对教师培训与专业发展具有重要作用。研究者之所以把实践共同体作为分析单位来探讨专业发展活动，是因为强有力的实践共同体或专业社群能够促进教师学习，有助于改进教学和促进教育改革。例如，在教师学习社群计划中，中学英语教师、历史教师和大学教育工作者聚集在一起，通过设计跨学科的人文课程、讨论教学和学习、探究阅读教学实践等方式，建构支持和促进学习的社群，在分享实践智慧过程中，在课程与教学等方面进行新的尝试并取得较好成效。[1]情境理论把学习研究的分析单元或学习的焦点集中于在社会行动中的个体，知识分布在社会、物质和文化产物等环境之中，学习是个体在参与社会化组织活动中发生的改变。因此，知识需要与具体的情境相联结，培训活动应贴近日常教学活动中的真实情境。研究表明，通过将视频和其他实践表征作为教师学习的媒介、使用教育性课程材料支持教师学习、使用认知工具和数字化工具支持教师学习，以教师自己的实践或他人的实践为基础，教师能从真实情境的学习中受益，真实情境中的学习更加有效。[2]无论是实践共同体理论还是情境认知理论，两者都强调了创设有利于教师群体学习的支持性环境的重要价值，安全、支持和鼓励合作的环境，可以激发教师共享资源和经验，提高教师学习的集体效能。

实践共同体理论为提升教师学习的有效性提供了理论支撑。教师学习并不仅仅来自个体学习，也同时来自与他人交往。构建协作的实践共同体，能够为教师学习提供有效支持，维持和促进教师专业发展。

（二）社会文化理论

社会文化理论由苏联心理学家维果茨基（Vygotsky）及其合作者在20世纪20年代至30年代提出。社会文化理论阐明了人类心理机能及其发生的文化、制度和历史情境之间的关系，其基本观点认为，学习与知识建构的过程是个人心智与社会历

---

[1] H. Borko, "Professional development and teacher learning: Mapping the terrain," *Educational Researcher*, 2004(8).

[2] [美]R. 基思·索耶：《剑桥学习科学手册》第2版，徐晓东、杨刚、阮高峰等译，740~744页，北京，教育科学出版社，2021。

史经验相互作用的过程，社会、文化和历史情境能够定义并塑造特定个体及其经验。①

根据社会文化理论，人类活动的本质可以理解为人与人之间知识和经验的共享与共同建构，学习是一种由文化意义系统所塑造的社会过程。由于个体所处的社会文化情境不同，因此他们获得的文化与知识经验也不同。理解人是如何学习的，其核心在于理解学习者在发展、文化、境脉和历史上的多样性。②

社会文化理论已广泛应用于诸多领域，对教师专业发展和教师学习的意义主要在于设计教师专业发展的情境③，探究教师学习和发展教师专业知识与技能的协作情境④，以及教师在社群中基于互动的改变⑤。社会文化理论将教师视为能动者，其学习发生在更广阔的社会、文化和历史情境中。教师的思维与活动根植于教师所处的具体情境，而具体情境又根植于深厚的特定文化与历史中，为探寻教师专业学习提供了更为宏观的理论视角。

(三) 在线学习理论

在线学习理论在远程教育研究的相关理论、学习理论、教学设计理论等各种理论的基础上发展起来，是利用各种数字技术的资源和属性以及合适的学习材料，通过网络能在任何时间和地点为任何人传输设计良好、以学习者为中心、交互和便利的学习环境的创新方法。⑥

在线学习强调支持学习过程的技术手段，网络具有的多媒体呈现、海量信息及

---

① V. P. John-Steiner and T. M. Meehan, "Creativity and collaboration in knowledge construction," in C. D. Lee and P. Smagorinsky, *Vygotskian perspectives on literacy research: Constructing meaning through collaborative inquiry*, New York, Cambridge University Press, 1999, pp. 31-48.

② [美]科拉·巴格利·马雷特等：《人是如何学习的Ⅱ：学习者、境脉与文化》，裴新宁、王美、郑太年译，3页，上海，华东师范大学出版社，2021。

③ A. S. Palincsar, "Social constructivist perspectives on teaching and learning," *Annual Review of Psychology*, 1998(1).

④ T. Nelson, "Editor's introduction: Sociocultural dimensions in teacher learning," *Teacher Education Quarterly*, 2004(2).

⑤ R. S. Russ, B. L. Sherin and M. G. Sherin, "What Constitutes Teacher Learning," in D. H. Gitomer and C. A. Bell, *Handbook of Research on Teaching* (5th ed), Washington D. C., American Educational Research Association, 2016, pp. 391-438.

⑥ 金慧：《在线学习的理论与实践：课程设计的视角》，7页，北京，清华大学出版社，2017。

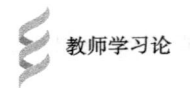

检索、多种交互方式等技术功能为在线学习提供了开放、灵活和分布式的学习环境，使学习者可以随时随地获取所需内容、交流思想和获得支持。在线学习具有灵活性、交互性、主体性等特点。其中，灵活性是在线学习的核心要素。①

由在线学习推动的新兴教育模式，使教育产生了根本性的变化。对在线学习设计的研究有助于更好地推进在线学习方案、确定在线学习模式的适用范畴和效果，以适应新时代教育变革的需要。在数字化转型的时代背景下，在线学习理论对教师培训课程设计与开发、学习需要分析、学习任务确定、学习组织策略的制定、学习资源的设计与开发、学习活动设计、学习管理和学习评估等方面具有重要的启示意义。

第二节　教师学习的影响因素

随着人们对社会文化理论、情境学习、分布式认知、社会互动决定等理论的深入认识和学习科学的最新进展，研究者与实践者将学习研究置于更广阔的视野，从学习生态系统的视角探寻学习的发生及影响因素。人的学习在从神经层面到社会层面的各个不同层面上发生，涉及不同层面的交互影响，是一个复杂的学习生态系统，包括：与学习相关的不同功能区域中神经层面的学习、个体层面中学习的认知和元认知方面；群体层面上学习的社会认知、社会元认知、社会文化以及互动和行为方面；在组织和社区层面，为取得高效的运作和变革领导力而学习；在系统和社会层面，对学习的研究是社会学、文化和人类学研究。② 教师学习也受到不同因素和条件的影响，主要包括教师个体、学校组织情境、培训制度与学习活动等。伴随着人们对学习本质的探索，个体、社会文化、生态系统论等

---

① ［英］约翰·丹尼尔：《灵活性：在线学习的核心要素》，李薇译，载《中国远程教育》，2017(1)。

② N. Law and K. Cheng, "The science of learning strategic research theme at the University of Hong Kong," in P. K. Kuhl, S. S. Lim and S. Guerriero, et al., *Developing minds in the digital age: Towards a science of learning for 21st century education, educational research and innovation*, Paris, OECD Publishing, 2019, p. 214.

研究成果拓展了关于学习机制的科学理解，教师个体、学校情境与社会文化制度等都对教师学习产生影响。人类学习的复杂系统模型涉及多层分级学习的交互作用。要提升教师学习的实效性，就需要在学习的复杂系统中探讨多元因素及其交互影响。

一、教师个体是影响专业学习的核心因素

教师学习首先发生在个体层面。个体因素是与教师学习直接相关，并最终决定教师学习是否发生以及发生程度如何的核心因素。在教师个体层面，教师学习受到教师个人成长背景和教师个体特质的影响。

在教师个人成长背景方面，教师在学生时代的教育中所获得的经验与所学专业、个人生活历史、身处的文化情境、专业发展阶段、学习经历等因素[1]会对教师学习参与度、态度与价值、学习内容与质量等产生影响。

在教师个体特质方面，教师对自身教学实践的分析能力是影响教师学习的核心因素之一。分析能力的建立与发挥受到很多因素的影响，如教师信念、教师专业身份认同等。近年来，心理层面的因素在教师研究中受到重点关注。学生取向的教师信念、积极的教师专业身份认同与使命感、对专业成长的渴望和自我价值感等通常会促进教师学习的发生。同时，教师专业身份认同往往决定了教师对自身所处教育教学情境的解读与意义赋予，进而决定了教师对学习内容的选择。

此外，动机亦是影响教师学习的重要的个体因素之一。研究者认为，除了道德责任、个人兴趣和外在动机因素（如薪酬和专业认证要求）之外，教师参与学习活动的内在动机因素主要包括四个方面：一是专业知识方面，教师学习的动机主要集中于深化所教学科的内容知识，旨在拓宽知识面并掌握其他学科的知识；二是在专业技能方面，教师学习的动机主要聚焦于能直接应用于实践的程序性知识，即学到的教学技能可以立即应用于课堂情境；三是针对课堂管理面临的挑战，教师通常试图获得更适用、更有效的课堂管理技能；四是基于以学生为中心的理念，教师对学

---

[1] C. Day, *Developing teachers: The challenges of lifelong learning*, London, Falmer Press, 1999, p. 4.

生学习能力的差异问题予以高度关注。[1]

个体层面的教师学习强调了教师作为学习者的主体性,即教师学习必须是自我导向的主动学习。在学习过程中,作为能动者的教师只有逐渐内化所学知识与技能,才能对教育教学形成新的理解,并发生积极的改变进而改善教育实践。教师从自身真实的实践问题出发,通过有意义的学习激发自身能动性,进而体验到学习的意义与价值。

二、学校情境是影响教师学习的组织因素

教师工作于学校情境中,教师身处于其中的工作情境是重要的学习影响因素之一。在学校层面,教师学习并不完全是自我导向的,学习活动发生的环境在一定程度上影响教师参与学习活动。在个体学习的同时,教师的专业学习也是一个协作的过程。基于分布式认知,具有不同教学专长的教师形成专业学习共同体,在团队协作中能够增进满足感与归属感。

一是在学校制度与文化层面,学校政策和学习型组织文化均直接影响教师的学习动机与意愿,学校组织制度与领导的支持有助于促进教师在校本情境中的探究性学习。在学校内部创设良好的学习文化、制度和心理环境非常重要。适宜的学校环境与氛围能够促进教师参与学习、内化知识技能并进行深入反思。

二是在教师工作与学习共同体层面,教师所在群体(如教研组、学科组或备课组等)会对教师的学习资源、学习机会、学习方式与学习程度产生影响,进而最终影响学习效果。教师在学校中承担的工作任务与压力、同侪支持与有意向的学习支持是影响教师参与学习的情境因素。教师学习的动机和兴趣可以在与他人的相互交往中得以形成和改变,这体现了教师个体与环境的相互作用。[2]例如,通过加强教研组、备课组建设等方式,教师协力解决在教育教学中面临的新问题,开展课程教学及评价等方面的创新实践,从而促进学校教师队伍的整体发展。

---

[1] J. P. Scribner, "Professional development: Untangling the influence of work context on teacher learning," *Educational Administration Quarterly*, 1999 (2).

[2] K. Kwakman, "Factors affecting teachers' participation in professional learning activities," *Teaching and Teacher Education*, 2003(2).

教师专业学习和工作情境具有内在联系，学校组织制度文化与领导、教师所在团队等复杂的工作情境对教师学习活动的种类和形式产生影响。在学校情境中，教师个体与教师群体的学习相互作用，教师既是学习参与者，也是学习活动的提供者，如通过同伴指导、专业学习社群与实践共同体等方式，为教师学习提供机会。学校需要为教师创建相互信任的工作环境和校园文化，为教师提供在良好的协作氛围中进行探寻与反思的机会，通过提高学习实效性解决教育教学实践问题，切实推进基础教育高质量发展。

三、制度情境是影响教师学习的系统因素

学习是一种动态的社会活动系统。社会文化理论作为近期教育研究中最重要的理论转向之一，主张所有学习都是由文化意义系统所塑造的并注入了这一系统的社会过程。[1] 根据社会文化理论，关于学习的分析框架可以从社会文化制度、人际与个体三个相互交织的层面来阐述。[2] 在复杂的教师学习系统中，我国教师培训制度是影响教师学习最主要的系统因素，主要体现在培训政策、培训项目与资源建设等方面。

一是根据我国教师教育制度体系，教师培训政策规定了培训的组织管理、课程内容与资源、培训实施与质量评估等，直接影响教师学习的内容方式与质量。例如，教育部于 2020 年发布了《中小学教师培训课程指导标准(师德修养)》《中小学教师培训课程指导标准(班级管理)》《中小学教师培训课程指导标准(专业发展)》，明确指出培训各有关方的职责及责任，重视培训资源库和培训者队伍建设，强调要加强培训的过程性管理和监控，强化培训效果的评价和运用，为确保教师学习的质量提供了强有力的政策保障。

---

[1] [美]科拉·巴格利·马雷特等：《人是如何学习的Ⅱ：学习者、境脉与文化》，裴新宁、王美、郑太年译，26~27 页，上海，华东师范大学出版社，2021。

[2] B. Rogoff, "Observing sociocultural activity on three planes: Participatory appropriation, guided participation, and apprenticeship," in J. V. Wertsch, P. del Río and A. Alvarez, *Sociocultural studies of mind*, New York, Cambridge University Press, 1995, p. 142.

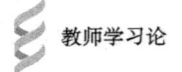

二是根据培训政策组织实施的培训或专业发展项目决定了教师学习的质量。由于传统的教师培训存在一定弊端，因此研究者提出，要加强教师专业发展项目设计，改革培训形式，通过创新方式支持教师专业学习。研究表明，学校本位、聚焦课堂实践的教师学习对教师成长更为有效，有效专业发展的特征主要包含聚焦学习内容、基于成人学习理论进行积极主动的学习、基于工作情境并支持协作、对有效实践进行示范、提供指导与专家支持、提供反馈与反思机会、具有持续的学习时间等。[1] 研究者对有效教师专业发展关键特征的分析，为专业发展活动的设计提供了指导原则，能够通过高质量的专业学习活动提高教师学习成效。

三是在更广阔的教育情境与社会生态中，如高等院校、科研院所、企业等其他相关机构亦对教师学习产生影响。经济合作与发展组织开展的一项关于教师专业学习的研究，从教师、学校和系统三个层面分析教师学习现状，除教师（个体与群体）、学校（包含各级学校管理者等）之外，在制度层面，教师学习的系统还涵盖高等教育机构、教师工会或专业协会、私立机构等。探讨教师专业学习的质量需要对教师学习动机、学习活动的可获得性与提供、学习内容等方面的因素进行综合考量。[2] 教师学习并不是在孤立的学校中发生的，基于学校情境的、以校为本的教师学习亦处于多层面的更为庞大的系统中。

概言之，教师的学习发生在真实世界中。在复杂的社会系统中，教师学习是教师个体、学校与制度情境等多种因素共同交互的结果。若要理解教师是如何学习的，就必须理解作为学习者的教师在个体生涯发展、学校组织文化、制度情境和历史等方面的多样性，对学习者与其所处环境及学习者与其所处环境之间的关系进行研究。教师学习发生在活动系统中，任何促进教师学习的努力均需做通盘考虑，对学习系统中的多重影响因素进行系统、整体的考量。

---

[1] L. Darling-Hammond, M. E. Hyler and M. Gardner, "Effective teacher professional development," Palo Alto, Learning Policy Institute, 2017, p. 4.

[2] L. Boeskens, D. Nusche and M. Yurita, "Policies to support teachers' continuing professional learning: A conceptual framework and mapping of OECD data," in OECD Education Working Papers No. 235. Paris, OECD Publishing, 2020, p. 38.

四、结语

在国际研究领域中，终身学习成为教师适应教育改革发展与自身专业发展的必由之路。为了让教师在变革中做好准备，教师的终身学习成为教师教育研究领域的重要课题。当前，世界许多国家都在进行大规模的教育改革，从培育核心素养的角度进行课程改革，希望以此促进学生学习、提高教育质量。作为系统改革的中心组成部分，推进核心素养导向的课程建设、新的课程标准及与标准相一致的新的评估方式，对学生发展和教师实践提出了新的期待。教师需要通过专业的学习改进教育教学，实现改革目标。

为主动适应深化基础教育课程改革、全面实施素质教育的现实需求，着力解决教师培训存在的突出问题，《中共中央 国务院关于全面深化新时代教师队伍建设改革的意见》及《新时代基础教育强师计划》等政策均强调促进教师终身学习和专业发展。在加快构建高质量教育体系、建设教育强国的时代背景下，我国正在稳步推进深化精准培训改革工作，培养造就高素质专业化创新型教师队伍，筑牢教育强国根基。

从教师培训、教师专业发展到教师学习的话语与范式转换，对于教师成长而言，是一种基于学习主体的立场转变。以往的教师培训主要是由外部力量形塑个人成长，以达到预定目标的历程。教师学习则是源自个人内在需求与动机而实践的发展历程。教师学习对教师教育政策、教师专业发展支持系统建构有其重要意义与价值。有效的教师学习能促使不同阶段的教师坚定职业理想信念，以教育家精神为引领，不断超越自我，真正为教育注入活力，推进教育高质量发展。

国际研究表明，在教师专业发展活动设计和实施中，内容中心和教师的积极学习对教师实践改变产生显著影响。学校对教师专业发展的支持程度等情境因素对教师专业学习及学习结果与效果产生直接影响。因此，为提升教师培训与专业发展的实效性，学校需要对培训内容予以高度关注，激发教师积极学习并加强对专业社群的支持，提升培训与专业发展活动的质量，真正促进教师成长。

当前，建设教育强国对我国教师队伍建设提出新的更高要求，推动数字时代的教师精准培训改革尤为迫切。基于数字转型，如何利用新技术实现精准培训落地升级，研究者需要在培训政策、理论和实践等方面进行多维度的深度探索。基于学习科学领域的最新进展及相关理论，从教师专业学习的视角，在重视教师主体性与协作学习、优化学习内容与方式、创设有力的实践情境，以及学习生态建构等方面进一步深化精准培训改革，助力构建高质量教师发展体系，能够让教师将学到的内容以有意义的方式、实实在在地影响和促进自身成长，进而为我国教育现代化发展提供高素质专业化创新型的师资保障，为教育强国建设提供有力支撑。

第三章
作为主动学习者的教师

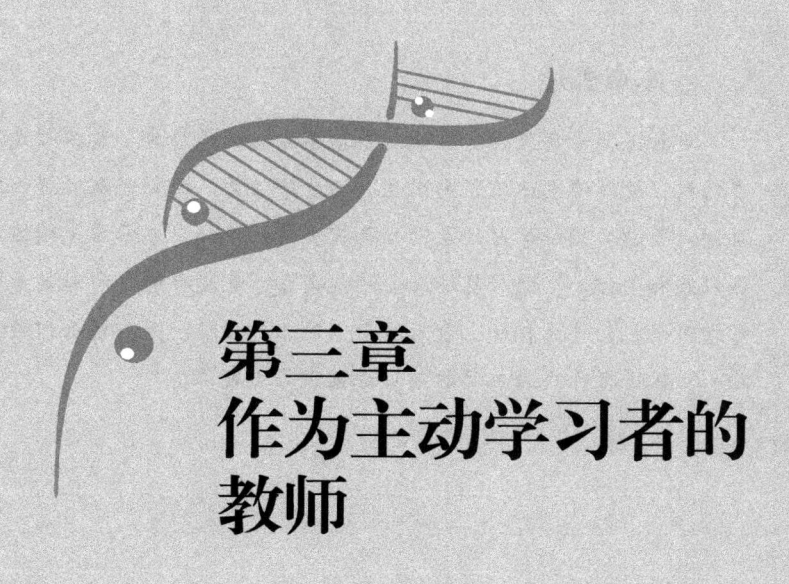

本章概述

要打造高素质教师队伍就需要培养主动的学习者,其核心是激发教师学习的内在动机,使其焕发出不断向上生长的生命活力。深刻理解教师的学习动机及其产生机制对于激发教师学习的主动性具有重要的意义。本章首先阐述教师学习动机的内涵以及相关概念,随后从场动力的视角、心理需要的视角和具身学习的视角分析教师学习动机的产生机制,最后结合上述三个理论视角,就如何激发教师的内在学习动机、促进教师成为主动的学习者提出若干建议。

第一节 教师学习动机的内涵

主动学习的态度和积极投入的状态是学习动机的外在体现。当前日益深化的教育教学改革对教师的要求不断提高，教师需要不断学习，以适应教育改革的要求。教师学习动机对教师的学习状态和专业成长有着重要的影响。

一、教师学习动机

(一) 认识动机

所谓动机，是指激发、引导、维持并使行为指向特定目的的一种力量。比如，此刻你正在阅读这行文字，是什么让你拿起这本书，而不是去做其他的事情，驱使你拿起这本书的力量就是你此刻阅读的动机。你为什么要这样做？你的行为究竟是受什么力量影响的？你在追求什么样的目标？你的决心又有多坚定？这些就是动机。

当要了解某一行为背后的动机时，我们可以从动机的方向性、持久性和强度这三个方面加以分析。方向性、持久性和强度是动机的三个重要属性。以阅读为例，你读这本书也许是为了试着解决工作中的某些问题，也许只是因为无聊，正好这本书在手边，就借此打发时间。同一行为指向的目标是不同的，这就是动机在方向性上的差异。当你正沉浸于这本书的某些章节，甚至打算再去找几本相关书籍进行系统阅读时，有人或许只翻了几页就将这本书扔在一边了。这时你就能够体会到动机在持久性和强度上的差异了。同时，你也能体会到，这样的差异一定不是由这本书引起的，而是个体的差异在起作用。个体的目标、愿望、态度等方面的不同，会影响他们行为的动机，进而支配他们的行为。

把动机看成一种力的话，我们可以从"推力"和"拉力"这两个视角来看待动机。这和物理学上力的分析很类似。"推力"指个体的行为是被驱动或者被推动的。我们常说的"驱力"就属于这一种。"驱力"与我们的需要密切相关。当感到饥饿时，我们会有一种紧张感，这驱使我们去找点东西吃，然后这种紧张感得到了释放，我们感到满意。我们可以把这种紧张感看作一种身体内在的能量在蓄积，驱动我们寻找机会释放能量，回到稳态。这一模型可以很好地解释由生理需要驱动的行为。当我们对食物、水、睡眠的需要没有得到满足时，那种缺失感（饥饿、渴、困）会驱使我们做出行动，缓解不适。心理上的需要也具备这种驱动的力量。当感到孤独时，你拨通了朋友的电话，对社交的需要使你与朋友联系。还有一种"推力"是外在的控制和要求。我们常常会因外在的要求而做出一些行为。比如，很多学生完成作业只是因为学校的要求。

"拉力"是由于目标的吸引力，吸引个体行为指向某一目标。当路过面包房时，刚烤出的面包的香味吸引了你，即使没有感到饿，这一香味也可能驱使你做出消费行为。一个学生为了在期末考试中取得好成绩而勤奋学习，一位教师为了提高自己的人际沟通技能，去参加提高沟通技能的课程，这都是受到目标的"拉力"牵引。目标是行为主体想要达到的未来状态。行为主体的行为受未来期望的吸引和指引。"拉力"和"推力"共同支配人们的行为。

动机还可以划分为内部动机和外部动机。心理学家关于内部动机和外部动机的界定存在一些争论，但近二十年来，占主导地位的观点是用行为本身和行为的结果作为区分内部动机和外部动机的界限。内部动机是指人们从事某种活动的目的是活动过程本身，是因为这项活动有趣、有挑战性或者令人感受到美的愉悦。因此，内部动机反映的是兴趣、乐趣和内在的满足。外部动机是指人们从事某项活动的目的是得到可以与活动本身相分离的某种结果，如为了得到奖励或避免惩罚。

（二）认识教师学习动机

如前文所述，教师学习是教师基于自我专业发展和外部环境的需要，发生与专业相关的知识、技能、价值、思维习惯等方面的改变，不断更新自我并改善教学实践的过程。教师学习动机则是激发、引导和维持教师不断自我更新并改善教育教学实践的力量。

教师是成人学习者。美国成人教育家诺尔斯（Knowles）提出的成人学习理论指出，成人学习是基于现实需求、问题解决、内在驱动的。当前不断深化的教育教学改革对教师的要求也在不断提高。教师需要不断学习新的理念，并落实到自身的教育教学当中，以在教育教学实践中不断提升育人能力。除了教学以外，教师还需要承担其他责任，如与家长沟通、协同育人等。现实的要求需要教师不断更新认识，提高自身能力，这构成了教师学习最主要的动机。

我国有着完备的教师继续教育系统，要求中小幼教师必须全员参加继续教育，并对教师继续教育的类型、机构、方式、时间、保障、管理等问题有明确的规定，教师继续教育正在成为教师终身学习的一部分。因此，对于我国的广大教师而言，教师学习既有基于自身成长需要生发出的"我要学"的主动求索，也有在政策规章要求下的"要我学"的必须为之；既有内在驱动，也有外部要求。

相关研究也印证了我国教师学习动机的复杂性。一项对中学教师学习动机的调查研究显示，中学教师学习的内部动机总体高于外部动机。在该研究中，中学教师学习动机的动力来源依次是"结合目前的情况，我还需要学习""解决教学中遇到的困难，提高教学质量""为了满足学生的发展"等。而在"为了完成学校布置的培训任务""为了晋级加薪、评职称或提升就业能力"等外部动力源上的得分排名相对靠后。[1] 对小学和幼儿园教师的学习动机的调查得到了类似的结果，小学教师和幼儿园教师的学习动机以内部动机为主。[2][3] 一项关于中小学教师参加远程培训的动机调查显示，求知兴趣、为教育事业作贡献、环境要求和他人影响、生涯发展需要是中小学教师参加远程培训的主要动机。[4] 但研究也发现，大多数教师都有内在学习动机，希望通过学习不断提升自我，但仍然以完成学校或上级规定的学习任务为主，还没有将其转化成自主学习的常态。[5]

还有一些研究者重点关注了教师参加继续教育的动机，结果发现我国中小学教

---

[1] 刘瑞：《西安市中学教师学习现状调查研究》，硕士学位论文，陕西师范大学，2014。
[2] 容珍：《幼儿园教师学习现状的调查研究》，硕士学位论文，河北师范大学，2019。
[3] 李杏丽：《小学教师学习动机问题研究——以吉林省为例》，硕士学位论文，东北师范大学，2013。
[4] 胡星、武丽志：《中小学教师参与远程培训的动机研究——基于广东省的问卷调查》，载《当代继续教育》，2015(5)。
[5] 李杏丽：《小学教师学习动机问题研究——以吉林省为例》，硕士学位论文，东北师范大学，2013。

师普遍存在继续教育动力不足的情况。①

解决问题是教师最主要的学习驱动力之一。与学生的学习注重知识的后继应用不同，教师的学习非常注重知识的现时应用。教师有解决教学与生活实际问题的需要，然而这一动力有时也会阻碍教师的学习。研究发现，尽管学习了很多理论，但是有些教师并不会自觉地将学到的理论转化为行动，除非这一理论能直接解决他们在课堂中遇到的问题。因为教师在学习时往往强调知识的即时有用性和实效性，他们更关心的是如何快速地解决学生的问题，期望在学生身上看到立竿见影的变化，但关于学习和教学的理论关注的是学生更长久的学习。② 过于追求快速解决问题，常会让教师的学习停留在"术"的层面，阻碍了对"道"的追求和领悟。

二、教师学习动机与学习投入

（一）学习投入

教师学习是提升教师素质的途径之一，而学习成效主要取决于教师学习投入的质量。

学习投入这一概念在学生群体中使用得较多，与"学业倦怠"相对。学习投入包括量和质两个方面。量的方面包括时间、金钱、资源投入等，质的方面涉及学习者在学习过程中的身心投入状态。质的投入往往更为关键。关于学习投入的研究主要集中在学习者的身心投入状态上。例如，有学者将学习投入定义为一种与学习相关的积极、充实的精神状态，包括活力、奉献和专注三个维度。活力是指在学习中具有出众的精力与韧性，愿意为学业付出努力而不易疲倦，面对困难时坚持不懈。奉献是指个体具有强烈的意义感、自豪感以及饱满的学习热情，能够全身心地投入学习，并勇于接受挑战。专注则是指一种全身心投入的愉悦状态，将精力集中于学

---

① 龚彦忠、姬静、姬建峰等：《中学教师继续教育培训存在的问题与对策——以咸阳市中学教师继续教育培训调查问卷分析报告为例》，载《教育现代化》，2019(56)。

② F. Korthagen, "Inconvenient truths about teacher learning: Towards professional development 3.0," *Teachers and Teaching*, 2017(4).

习并体验到愉悦。①

美国心理学家弗雷德里克斯(Fredricks)从认知、情感、行为这三个维度来定义学习投入。认知投入指学习者在学习时对采用的认知策略和心理资源的高度卷入;情感投入是指学习者对学习任务或他人(如教师和同学)的情感反应;行为投入是指学习者对学习活动的参与情况。② 还有学者在此基础上增加了第四个维度——社会投入,即学习者与同伴之间进行的与学习内容有关的日常交流。③

已有的关于学习投入的研究绝大多数是针对学生的。教师学习与学生学习有很大的不同。我们将教师学习投入定义为教师在各种正式或非正式的专业学习中付出的积极的努力。我们从行为投入、认知投入、情感投入、社会投入这四个维度来进行说明。行为投入是教师参加各种正式或非正式的专业学习活动的时间精力投入、学习活动中的积极参与以及转化为教育教学实践的行动。认知投入是指教师在进行专业学习时的认知资源的投入,包括积极思考和认知策略的运用等。情感投入是指教师对专业学习的热情。社会投入是指教师与同事之间进行的与专业相关的日常交流。"学习投入"这一概念是近二十年来由西方学者提出的,但其内涵在我国的传统文化中早有涉及。我国宋代著名教育家朱熹倡导三到读书法,即"心到""眼到""口到",讲的就是认知投入和行为投入的问题。

学习投入和学习动机是联系紧密的两个概念。有的学者将这两个概念混用④,有的学者则认为这两个概念相互关联但仍有不同的含义,学习动机是学习的能量、目的和持久性的来源,学习投入则是学习的能量、目的和持久性的外在表现。⑤ 我们更倾向于第二种观点,即学习投入是学习动机的外在表现。当谈论一位学习者的

---

① W. B. Schaufeli, I. M. Martínez and A.M. Pinto, et al., "Burnout and engagement in university students: A cross-national study," *Journal of Cross-cultural Psychology*, 2002(5).

② J. A. Fredricks, P. C. Blemenfeld and A. H. Paris, "School engagement: Potential of concept, state of the evidence," *Review of Educational Research*, 2004(1).

③ S. E. Rimm-Kaufman, A. E. Baroody and R. A. A. Larsen, et al., "To what extent do teacher-student interaction quality and student gender contribute to fifth graders' engagement in mathematics learning?" *Journal of Educational Psychology*, 2015(1).

④ A. J. Martin, "Examining a multidimensional model of student motivation and engagement using a construct validation approach," *British Journal of Educational Psychology*, 2007(2).

⑤ S. L. Christenson, A. L. Reschly and C. Wylie, *Handbook of research on student engagement*, New York, Springer, 2012, p. 22.

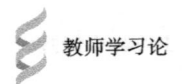

学习动机是强或者弱的时候，我们往往依据他在学习中所付出的努力来进行判断。对于教师学习而言，教师学习动机越强，尤其是学习的内部动机越强，他在学习中付出的努力越多，花在自我提升上的时间和精力也会更多，参与学习更积极，对专业学习的思考更深入，更愿意与同事交流并分享教育教学的事情，更可能将专业学习转化为教育实践的改进。

一项关于中小学教师学习投入的调查发现，中小学教师对学习的情感认同高于行为投入。教师普遍认同当前学生和教材都在不断变化，特别是现在的学生思维非常活跃，教师加强学习非常有必要，学校也经常提供学习机会，但自己精力有限，能完成学习任务就不错了。[1] 可见，教师虽然在情感价值上认同学习的意义，但是在行为跟进上被任务驱动，投入缺乏自主性。

(二)心流体验

关于动机和投入的研究中，有一个特别的例子，就是心流体验。心流体验是一种全情投入的状态。比如，一个电脑游戏的爱好者，连续玩几小时游戏，直到深夜关上电脑屏幕时他才感觉腰酸背痛，饥肠辘辘，才想起来自己连晚饭都忘记吃了。美国心理学家米哈里·契克森米哈赖（Csikszentmihalyi），在研究了一些行业的案例后发现，人们在工作和休闲时可能会经历一种独特的身心体验，它使人表现出极大的兴趣，全身心投入，经常忘记时间，甚至丧失对周围环境的感知。米哈里·契克森米哈赖把这种状态称为"心流"（flow），它是个体全身心地投入某种活动时的愉悦、积极的情绪体验。当体验到心流时，人们不仅仅是享受正在进行的活动，还享受学习新技能的获得感和自尊的提升。[2]

心流体验是一种高度专注、全情投入的状态，是学习投入和工作投入的最高境界。心流体验具有以下特征：①注意力高度集中于当下正在做的事情；②行动和意识融合；③失去反思性，完全沉浸于正在做的事情，丧失自我意识；④感觉自己能够控制自己的行动；⑤时间体验的失真，感觉时间比平常过得快；⑥对活动的体验

---

[1] 刘世清、侯浩翔、黄攀攀：《中小学教师学习投入与社会支持的关系研究》，载《教师教育研究》，2021(2)。

[2] M. Csikszentmihalyi and J. LeFevre, "Optimal experience in work and leisure," *Journal of Personality and Social Psychology*, 1989(5).

具有内在奖励作用,即"过程就是最终目标"。①

　　技能和挑战的匹配是获得心流体验的重要条件。当从事某项活动时,如果我们本身的技能水平低,而活动对技能的要求高,也即挑战难度大的时候,我们会感到焦虑。如果我们本身的技能水平高,而活动的挑战难度小的时候,我们会感到厌倦、无聊。只有当技能和挑战难度匹配得当的时候,我们才会沉浸到该活动当中。心流理论指出,尤其是在高技能和高挑战的情况下,我们会体验到心流。在生活中,我们很容易发现这样的现象。很多人为什么会通宵达旦地玩游戏?游戏开发者在设计游戏的时候,充分考虑了技能和挑战难度的匹配。游戏者总是从最简单的关卡开始,在关卡升级的过程中,游戏者的技能逐步提升,游戏的挑战难度也逐步增大,这种技能和挑战难度的匹配使得游戏者沉浸其中,忘却了时间,游戏高手往往更是如此。再举一个例子,孩子刚学会骑车的时候很喜欢骑车,一天骑几小时都不觉得累,感到非常快乐和满足,那时骑车的技能和挑战难度是最匹配的。当骑得非常熟练的时候,孩子觉得骑车的乐趣就减少了,那是因为孩子的骑车技能已经很高了,但挑战难度对孩子而言已经变小了,孩子就难以再获得心流体验了。

　　获得心流体验的另外两个重要条件是明确的目标和即时清晰的反馈。一个攀岩运动员正在攀登一座险峰,一个滑雪者正从雪道上迅速滑下,一个游戏玩家正在打一个对反应速度要求很高的电脑游戏,这都是很容易获得心流体验的活动场景。在这几个场景中,他们的目标都非常明确,而且他们的每一步行动都有明确的反馈,他们知道自己每一步的效果如何,这种反馈不需要解释就能被准确无误地加以理解。而且,这些活动执行起来有一定的难度,要求全部注意力的参与。执行活动的行为程序以及它们所带来的效果互相交错,不停地互相给予反馈,以至于行为主体全部的认知资源都被紧紧地锁定在了这种高速进行的过程中,行为主体已经没有可以用来监控时光流逝或其他什么无关紧要的事情的认知空间了。

---

① [美]C. R. 斯奈德、沙恩·洛佩斯:《积极心理学:探索人类优势的科学与实践》,王彦、席居哲、王艳梅译,232~233页,北京,人民邮电出版社,2013。

另外，活动本身从结构上应该尽量不被打断，这样心流就能不受任何阻碍地进行下去了。

心流体验与快乐和满足感有关，但又有不同。虽然人们常常说在娱乐的时候更快乐，工作并不让人愉快，但是米哈里·契克森米哈赖发现，成人生活中的心流体验多出现在工作时期，而非闲暇时刻。[①] 当人处在高挑战、高技巧的状态下，且自觉十分专心、深富创造力、相当满足之时，他多半是在工作时间，而非在家中。

笔者长期从事教师培训工作，当询问教师什么时候体验过心流，得到的最多的回答是：读书、备课、上课。

一项研究对教师和医生职业人群的心流体验进行了调查，这两个职业都是高挑战、高焦虑型的。结果如图3-1所示。[②]医生最容易体验到心流的情境依次是：工作，爱好（如绘画、创造性写作、弹奏乐器等），运动，读书……而教师最容易体验到心流的情境依次是：读书，爱好，工作，运动……与医生相比，教师更难以在工作中获得心流体验。在教师的工作情境中，心流体验最强的两个情境是课堂教学和个人工作（备课、写笔记、阅卷）。在医生的工作情境中，心流体验最强的情境是：外科手术、从事研究和与病人打交道。教师和医生在报告自己的心流体验时，提到最多的都是"从活动中获得积极的反馈"。教师的积极反馈源主要来自学生的专注和投入。当看到学生的注意力都跟随自己，对学习内容很有兴趣时，教师会感到很满意，从而产生心流体验。医生的积极反馈源主要来自手术或治疗的成功。[③]教师的教学活动缺少明确的、一致的反馈或许是教师难以从工作中获得心流体验的原因。一个教师在课堂上要面对几十个学生，要吸引所有学生的注意力，让所有学生都投入学习活动当中是件很困难的事情。

---

① [美]米哈里·契克森米哈赖：《生命的心流》，陈秀娟译，67页，北京，中信出版社，2009。
② A. D. Fave and F. Massimini, "Optimal experience in work and leisure among teachers and physicians: Individual and bio-cultural implications," *Leisure Studies*, 2003(4).
③ A. D. Fave and F. Massimini, "Optimal experience in work and leisure among teachers and physicians: Individual and bio-cultural implications," *Leisure Studies*, 2003(4).

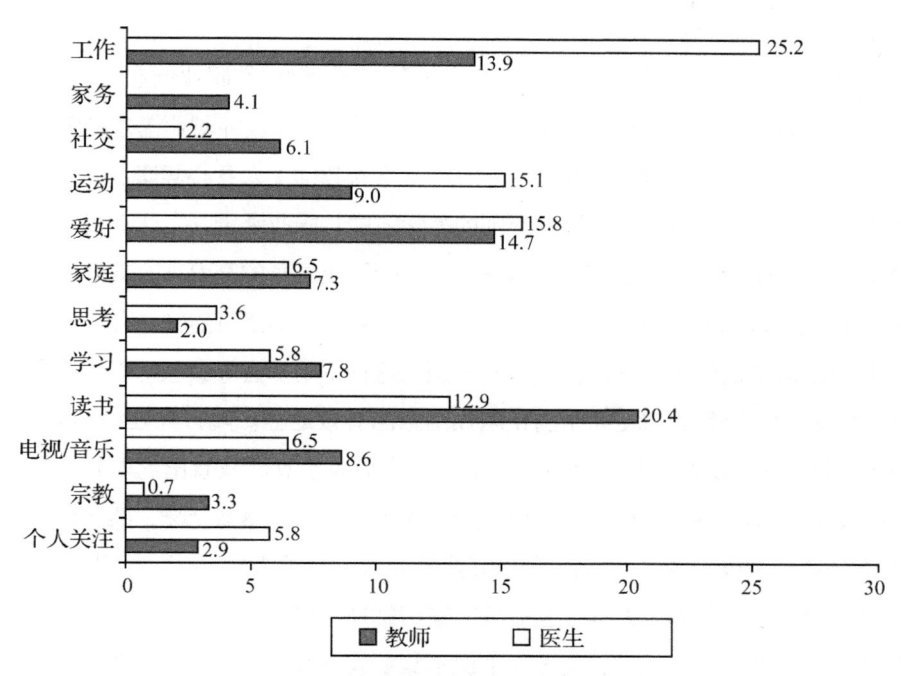

活动	教师	医生
工作	13.9	25.2
家务	4.1	—
社交	6.1	2.2
运动	9.0	15.1
爱好	14.7	15.8
家庭	7.3	6.5
思考	2.0	3.6
学习	7.8	5.8
读书	20.4	12.9
电视/音乐	8.6	6.5
宗教	3.3	0.7
个人关注	2.9	5.8

图 3-1　教师和医生获得心流体验的活动

三、教师学习动机与专业发展

　　学习是教师实现专业成长的必然路径。在专业发展方面获得成就的教师无一不是持续学习、潜心学习的。被习近平总书记授予"人民教育家"称号的于漪老师在 1997 年给上海市市北中学全体教师做报告时说："我还体会到，树立了崇高的信念，就有持久的内驱动力，一个人靠外因总还是不够的，外因是变化的条件，内因是变化的根据，当你树立了信念，把教育教学工作和我们十几亿人民的伟大事业紧密相连的时候，你就有无穷的动力，就有使不完的劲。"[1]2010 年，在从教 50 周年学术研讨会上，她归纳自己："做了一辈子教师，一辈子学做教师。"[2]2010 年 9 月 26 日，她重申："一辈子做教师，一辈子学做老师，绝不是一句空话，我一辈子都

---

[1]　于漪：《于漪全集》第 16 卷，268 页，上海，上海教育出版社，2018。
[2]　于漪：《于漪全集》第 20 卷，75 页，上海，上海教育出版社，2018。

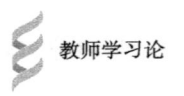

在学，不断完善健全自己的人格。"①

不断学习是防止教师职业倦怠的重要途径之一。教师是职业倦怠的高发人群。研究表明，各国教师普遍经历着不同程度的职业倦怠。② 教师职业倦怠是教师经历的一种情感耗竭和个人成就感降低的状态，不仅对教师个人身心健康、工作满意度产生负面影响，而且可能通过影响教师的教学方式、职业承诺、工作动机水平对课堂教学质量、学生学业成就产生消极作用。教师职业倦怠的高发与对教师的工作要求持续提高、教师的职业压力不断增大有关。社会、学校都要求教师付出、奉献，然而提供给教师的资源却不足，要求和资源的这种不平衡会导致教师职业倦怠。教师通过不断学习进行自我更新是防止职业倦怠的有效途径。陶行知在《小学教师与民主运动》一文中说道："孔子说：'学而不厌，诲人不倦。'我看出这两句话有因果的关系。惟其学而不厌才能诲人不倦；如果天天卖旧货，索然无味，要想教师生活不感觉到疲倦是很困难了。所以我们做教师的人，必须天天学习，天天进行再教育，才能有教学之乐而无教学之苦。"③苏霍姆林斯基曾说："如果你想让教师的劳动能够给教师带来一些乐趣，使天天上课不致变成一种单调乏味的义务，那你应当引导每一位教师走上从事一些研究的这条幸福的路道上来。"④通过持续的学习不断改进自己的教育实践，是教师获得职业幸福感的重要源泉。

第二节 教师学习动机的产生机制

学习动机的产生机制是很复杂的。人是生活在与环境的不断交互中的，教师的学习动机是教师主体与环境的交互作用的结果。场动力理论将学习者主体与环境的

---

① 于漪：《于漪全集》第20卷，145页，上海，上海教育出版社，2018。
② J. A. García-Arroyo, A. O. Segovia and J. M. Perió, "Meta-analytical review of teacher burnout across 36 societies: The role of national learning assessments and gender egalitarianism," *Psychology & Health*, 2019(6).
③ 陶行知：《中国教育改造》，276~277页，北京，商务印书馆，2017。
④ [苏联]瓦·阿·苏霍姆林斯基：《给教师的建议》下册，杜殿坤编译，354页，北京，教育科学出版社，1981。

互动作为一个场域,从个体与环境的交互作用的视角来解释个体行为产生和变化的原因。自我决定理论和具身学习理论则分别从学习者的"心"与"身"的视角,通过学习者的心理需要和与环境的互动以及学习者的身体与环境的互动来阐释学习动机。

一、场动力的视角

(一)场动力理论的基本观点

场动力理论由心理学家库尔特·勒温(Lewin)提出。勒温是拓扑心理学的创始人。他创建的社会心理学体系被称为"团体动力学"。勒温认为,人的行为是个体与环境交互作用的产物。在解释行为时,既要考虑到个体方面的因素,也要考虑到情境方面的因素。[①]

紧张和生活空间是勒温的场动力理论的两个基本概念。它们既具有动力性,又具有整体性。场动力理论由场论和动力论两部分构成。场论,也称生活空间理论,侧重分析的是个体的心理状况及行为活动产生的生活空间。勒温指出,要理解或预测行为,就必须把人和环境看作一种相互依存因素的集合。他把这些因素的整体称作个体的生活空间。在一个特定的时间和环境中,一个人的心理要素的总和就是他/她的生活空间,包括了在一定时间决定个体行为和心理活动的所有事实,如需要、目的、达到目的的障碍和它们之间能动的相互关系。

勒温提出了一个行为公式:$B = f(P, E) = f(LS)$。其中,B 代表个体行为,P 代表行为主体,E 代表环境,LS 代表生活空间。即生活空间的构成包括行为主体、环境及其相互关系三部分,发生在这种生活空间中的个体行为,是行为主体与其所处环境的函数,同样也是生活空间的函数。勒温所讲的环境场并非纯客观环境,而是着重强调其心理意义。分析个体行为,必须从个体和环境的交互作用过程来分析个体行为产生和变化的原因。

动力论,又称心理紧张系统理论,认为人的心理和行为取决于主体内部需求和

[①] K. Lewin, "Action research and minority problems," *Journal of Social Issues*, 1946(4).

环境的相互作用,当需求未得到满足时,个体会产生内部力场的张力,即紧张状态,勒温将它称为心理紧张系统。研究发现,如果正在完成一项任务时被打断,我们对未完成的任务的记忆会比那些已经完成的任务的记忆更深刻,而且那些未完成的任务具有一种吸引力,吸引着我们去寻找机会继续完成它。① 勒温认为,当接受一项任务时,我们会在体内产生一种"准需求"。这种"准需求"虽然不同于"真实的"需求,但它对行为的作用原理是一样的。每一种需求都会在我们体内建立一个要求放松的"紧张系统"。

场动力理论认为,心理过程有一种趋向平衡或者稳态的倾向。需求打破了原来的平衡,会使行为主体产生紧张情绪。要释放这种紧张情绪,行为主体就要真正从事某一行为,作用于环境,以达到他/她的目标,并同时满足他/她的需求。在前面的未完成任务的例子里,行为主体只有将未完成的任务完成,才能将紧张情绪从整个系统里排出,从而获得新的平衡。目标具有物理学中的力的性质,勒温将它称为引拒值。正的引拒值是指目标对行为主体本人具有吸引的作用力,引起个体趋向;负的引拒值是指目标对行为主体本人具有排斥的作用力,引起个体拒斥。

场动力理论认为,紧张驱动的行为不是为了趋乐避苦,而是为了重新获得内在平衡和稳态。如果周围环境不断地对一个系统制造紧张,而该系统又不能通过行为达到目标,那么这个人内在的紧张平衡系统所承受的压力就会不断增加。高度的紧张会让人很难保持冷静。这时,外界只要施加一个很小的额外压力,就可能让人情绪失控。

场论与动力论是相互融合的。该理论研究的是个体行为,透过对处于特定场域中的行为主体、环境及其相互关系的分析,揭示个体行为动力产生、变化的原因。

(二)从场动力理论看教师学习动机

教师学习是基于现实需求、问题解决驱动的。场动力理论可以很好地解释教师的学习。当一位教师存在个人发展的需要,如渴望提高教育能力、获得职称晋升时,或者遇到问题需要解决,如学生经常不交作业时,这都会引起教师的内在系统

---

① M. Ovsiankina, "Die Wiederaufnahme unterbrochener Handlungen," *Psychologische Forschung*, 1928, 11.

的紧张。这是教师的生活空间对教师个体内部系统产生的作用。这种紧张会驱使教师采取行动，如阅读专业书籍、参加培训项目、与同事和领导交流等，以向目标靠近，消除或者缓解这种紧张。这时教师个体通过行动对环境发生作用。这一动机过程说明教师学习的动机是教师和环境的交互作用，是需求与压力的互动。

然而并不是采取了行动，这种紧张就能立刻消除。在向目标移动的过程中，教师常常会受到现实环境的阻力，这会影响需求得到满足。比如，教师虽然有强烈的发展需要和学习需求，但是可能因过重的工作负荷和家庭角色的需要，而没有时间和精力投入学习。这会导致教师个体系统内的紧张持续存在，甚至升级。当内在需求长时间得不到满足时，紧张不断累积，可能会导致教师产生情绪上的问题，出现职业倦怠。

并不是所有的学习行为都能带来令人满意的结果。如果教师认为通过学习能够达到目标，目标就具有正的引拒值，能使自己排除困难，努力学习；如果教师认为通过学习不能达到目标，目标就不能激发教师的学习动力，甚至产生负的引拒值，导致教师对学习产生拒斥。

根据场动力理论，教师学习动机是在特定场域中产生的，反映的是在教师主体与其所在环境相互作用的推动下形成的激发教师学习的动力。要理解教师的学习动机，就要去分析教师的生活空间。生活空间包括个体心理场和环境场。教师所处的环境主要是学校、家庭、社会。因此，根据勒温的场动力理论，教师学习的动力系统包括教师主体与学校场域、家庭场域、社会场域之间的交互作用。根据环境场域的不同，教师学习动力可以分为教师主体动力、学校场域动力、家庭场域动力和社会场域动力。

教师主体动力是通过教师自身各个子系统相互作用形成的推动教师学习的动力，包括教师自身的需要、能力、信念、情感、成长史等，是教师学习动力得以产生的载体。

学校场域动力主要是教师与学校场域的各个子系统进行互动而产生的对教师学习的推动力或阻碍。学校场域是影响教师学习的重要的环境因素，由学校的政策制度、教师学习氛围、教师学习的资源条件、教师工作负荷等部分构成。学校的政策制度包括薪酬分配制度、职称评审制度、教学质量评价制度、教师学习制度等，政策制度往往起到指挥棒的作用，驱动教师学习。教师学习氛围包括学校对教师学习的重视程度、同事之间学习交流的氛围、教师之间竞争与合作的文化等，这些对教师学习有着潜移默化的作用。教师学习的资源条件包括学校为教师学习提供的资金、时间、空间等方面的资源支持，培训和进修的机会，以及展示学习成长的平台等，这些都为教师提供了学习机会和支持。教师工作负荷也是影响教师学习的一个直接因素。调查和研究表明，工作负荷过重是阻碍教师参加继续教育项目的主要原因之一。

家庭场域也对教师学习有着重要影响。工作和家庭是两个既相互独立又相互影响的场域，教师面临着工作和家庭的多重角色之间的相互作用。家庭场域对教师学习动力的影响是比较复杂的。早期有关工作和家庭的研究侧重于工作与家庭的冲突。研究表明，工作与家庭的角色冲突会给教师造成很大的压力，影响教师的工作满意度和组织承诺。[1] 教师的工作满意度和组织承诺会影响教师的工作和学习投入。随着研究的深入，研究者发现工作和家庭还可能相互促进，即工作家庭促进，指个体在工作/家庭角色中获得的资源和积累的经验有助于提高家庭/工作质量的感知程度，包括家庭促进工作和工作促进家庭两个方面。[2] 家庭生活的和谐美满能够给教师带来更加饱满的工作热情，对子女的养育过程也能增强教师对学生的理解，促进建立积极的师生关系，实现家庭促进工作。同时，教师也能将教育教学的工作经验迁移到家庭生活中，还可以利用假期多陪伴家人，实现工作促进家庭。工作和家庭的关系和谐，不但有助于个体在工作与家庭角色间传递积极的情绪，而且能增强个体的工作动力，促使个体提高工作投入水平。对教师的研究发现，工作和家庭的相互促进能够提升教师的心理资本（自信、乐观、韧性），增加教师的工作投入。[3] 还有研究发现，教师的心理资本能够正向预测教师的专业学习表现。[4]

社会场域动力是指教师个体与社会场域的各个子系统之间互动从而产生的对教

---

[1] 兰文杰、曾小叶、杨迪等：《工作家庭冲突对农村中小学教师工作满意度的影响：组织承诺的中介和调节作用》，载《贵州师范学院学报》，2021(9)。

[2] J. H. Greenhaus and G. N. Powell, "When work and family are allies: A theory of work-family enrichment," *Academy of Management Review*, 2006(1).

[3] 卢长娥、罗生全：《幼儿园教师工作家庭促进与工作满意度的关系：心理资本和工作投入的多重中介效应》，载《学前教育研究》，2021(5)。

[4] 赵新亮、刘胜男：《工作环境对乡村教师专业学习的影响机制研究——心理资本的中介作用》，载《教师教育研究》，2018(4)。

师学习的推动力或阻碍。社会场域包括国家和地区的教育政策、教师的社会经济地位、社会的"崇教"氛围、社会对教师的期待、家校社协同关系、社会舆论关注等。这些因素会影响教师的职业认同，进而影响教师学习的行为。同时，社会场域也可以为教师学习创造支持性的氛围和条件。

总体来说，学校场域、家庭场域和社会场域的各个要素对教师学习的影响可以归结为对教师学习的要求和资源支持这两个方面。当对教师的要求高而资源支持不足时，教师个体系统内的紧张不断增加，严重的可能会产生职业倦怠。同时，学校场域、家庭场域和社会场域是相互影响的。例如，国家和地区的教育政策会带来学校政策制度的一系列变化，从而影响学校场域的各个方面。

二、心理需要的视角

人的内在需要是动机的内在源泉。美国心理学家德西（Deci）和瑞安（Ryan）对人的基本心理需要和自主性动机进行了深入的研究，提出了一个综合性的动机理论——自我决定理论。该理论将自主作为重要的核心概念，阐述了人在什么样的情况下会产生内部动机和幸福感。自我决定理论对我们理解教师的自主学习动机具有重要的启示。

（一）自我决定理论的基本观点

自我决定理论将"内在心理需要"（innate psychological needs）的概念作为整合目标、调节过程和行为结果的基础。

关于动机的心理学研究广泛使用"需要"这个概念，不同的理论对"需要"的定义存在差异，有的定义为心理层面，有的定义为生理层面，有的定义为内在的，有的定义为习得。但各种理论中关于"需要"的概念都指向动机的具体内涵，认为需要是动力和行为方向的基础。自我决定理论将需要定义在心理层面而不是生理层面。在自我决定理论中，需要是指那些获得持续的心理成长、整合以及幸福感所必需的内在心理营养。① 这一定义的基本假设是人是向着活力、整合、健康的方向发展的，并假设只要有必要的适宜的心理营养，这一有机体的发展趋势就能实现；但是如果这些心理营养受到威胁或被剥夺，就会出现不理想的心理发展结果。换句话说，自我决定理论中的人类需要指的是获得心理健康和幸福感的必要条件，因此心理需要的满足就与有效地发挥有机体的功能紧密联系在一起。

在识别基本需要的方法上，德西和瑞安提出，如果在某种需要得以满足的条件下能够观察到个体最优的心理发展和幸福感，而在该需要的满足被削弱的条件下能够观察到个体发展的退化或不幸福，那么这种需要就属于自我决定理论所定义的心理需要。如果某种动机或目标与心理需要不直接相关，那么这些动机或目标的削弱或实现也不会对个体的成长和幸福感造成影响。

通过这样的观察，德西和瑞安提出人类有三种基本的心理需要：自主的需要、胜任的需要和关系的需要。

自主的需要是指人们需要感到自己的行为是自愿的、有选择的。也就是说，个体的行为不是由与结果相关的奖励或其他相倚性所控制的，而是由自我决定的。个体做出某种行为是自由的，而不是被迫的、不得不做的，也不是为了获得某种奖励或避免惩罚。当个体体验到自主需要的满足时，他的心理机能将是最佳的。

胜任的需要是指对环境施加影响的效能感的需要。胜任感是个体与环境交互累积的结果，是个体探索、学习、发现的结果。从广义的生物学的意义上来说，胜任是个体与环境进行有效交互的能力，这种能力保证了个体的生存。对胜任的需要为学习提供了动力。

关系的需要主要是指被他人所接纳、与他人相联系的需要，是爱与被爱、关怀与被关怀的需要。

自我决定理论所阐述的动机，围绕着某一行为是自主的还是被控制的这一重要区别来组织其内容。实现自主，意味着根据自己的意愿行事，也就是说，凭自己的意志做事，并感到自由。自主行事时，人们完全愿意做他们所做的事情，并且带着兴趣和决心沉浸在做事的过程中，其行为源于他们真正的自我感觉，所以他们是真

---

① E. L. Deci and R. M. Ryan, "The 'what' and 'why' of goal pursuits: Human needs and the self-determination of behavior," *Psychological Inquiry*, 2000(4).

实的。① 内部动机反映的正是兴趣、乐趣和内在的满足，反映了真正的自我决定，是自我决定的原型。而在外部动机的驱使下，人们行为的目的是追求奖励或避免惩罚，这样的行为是受外界或他人所控制的。

自我决定理论认为，从无动机到外部动机再到内部动机是一个连续体，外部动机又可以根据外部要求的内化程度和自主程度由低到高分为四种动机形式：外部调节、内摄调节、认同调节和整合调节，如图3-2所示。

行为	非自我决定的 ──────────────────→ 自我决定的
动机类型	无动机 ┆ 外部动机 ┆ 内部动机
调节类型	无调节 ┆ 外部调节 ┆ 内摄调节 ┆ 认同调节 ┆ 整合调节 ┆ 内部调节

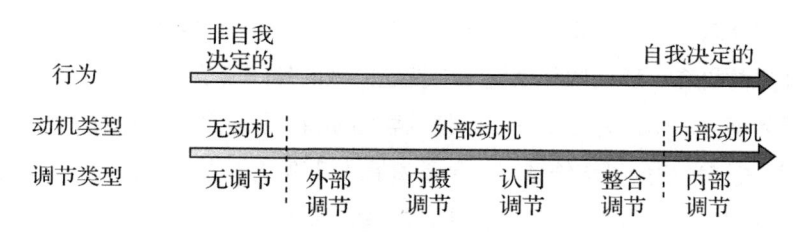

图 3-2 动机连续体上的各种动机类型

"无动机"是完全无目的、无意向、无自我控制的状态。"外部调节"是指个体的行为是为了获得外在奖励或者避免惩罚，当外在奖励或惩罚消失，个体就不会行动，这是典型的被外部规则控制的动机状态。"内摄调节"是个体已经对外部规则进行了部分内化，如果不这样做，会感到内疚和羞愧，这通常与想要获得重要他人的认可有关，个体的行为仍然是受控的。"认同调节"的动机水平是个体对外部规则进一步内化，充分地认识到某种行为的价值和重要性，能够认同这些外部规则，这时个体会更多地体验到自由和意志。但在这种状态下，行为仍然是带有工具性目的的，个体仍然是为了追求行为的结果而非行为本身，因此"认同调节"仍然属于外部动机。"整合调节"是外部动机最完全形式的内化，不仅认识到行为的价值，而且与自我的其他方面进行整合，是对外部规则的悦纳。"内部动机"支配下的行为的目的不是追求行为的结果，而是追求行为过程本身，做一件事，是因为很享受做这件事的过程。在后续的研究中，由于在测评上难以区分"整合调节"和"内部动机"，因此，研究者将整合调节合并为内部动机。

如何实现动机形式从无动机向外部动机再向内部动机发展呢？自我决定理论认

---

① [美]爱德华·L.德西、理查德·弗拉斯特：《内在动机：自主掌控人生的力量》，王正林译，3页，北京，机械工业出版社，2020。

为，基本心理需要的满足是维持内部动机和外部动机内化的必要条件。个体在学习中自主、胜任和关系的基本心理需要满足程度越高，其学习的内部动机越强，学习效果也越好，个体也会有更持续的投入，体验到更高水平的幸福感。

（二）从自我决定理论看教师学习动机

自我决定理论能帮助我们理解教师学习动机。如果教师参加继续教育学习只是为了获得继续教育学分，或者因为学校制度规定，不参加学习会有相应惩罚，如失去评优评先的机会，那么这种动机水平就是典型的外部调节。

如果教师参加学习是为了满足学校领导的期待，关注的是自己在领导心中的形象，如"校长把学习的机会给了我，是看重我。我要是不去，校长会对我很失望"，这就是内摄调节的动机水平了。内摄调节的学习动机在教师当中是很普遍的。在一项针对教师参加继续教育培训的调查研究中，当被问及参加继续教育的主要原因时，很大一部分教师表示是听从学校或上级部门的要求和安排。[①] 在这种动机水平下，教师的学习仍然是比较勉强的，教师也较少体验到愉悦感。

如果教师参加学习是因为觉得学习很重要，可以帮助自己提升教育教学水平，解决自己在教育教学中遇到的实际问题，那么这种动机水平就是认同调节。教师会主动学习，投入努力，对学习有满意感。

如果教师参加学习是因为非常享受学习的过程，享受思维碰撞的乐趣和学习过程中自我提升的喜悦，那么这种动机水平就是内部动机。在这种动机水平下，教师会主动寻求学习机会，全身心投入学习，并体验到更多的求知乐趣。

在教师学习过程中，动机水平也会发生动态变化。这与学习过程中自主、胜任、关系这三种基本心理需要的满足程度有关。例如，一位教师参加继续教育培训项目，最初是由于学校安排，不得不参加。但是，在学习的过程中，他发现：可以自己决定学习的进度、作业的形式；学习内容对自己的教学工作有很大帮助，提高了自己的教育教学水平；与参加这一继续教育培训项目的其他教师建立了非常融洽的关系，彼此相互支持。他的自主需要、胜任需要和关系需要在这一过程中得到了

[①] 龚彦忠、姬静、姬建峰等：《中学教师继续教育培训存在的问题与对策——以咸阳市中学教师继续教育培训调查问卷分析报告为例》，载《教育现代化》，2019(56)。

充分满足，他会认同参加继续教育培训的意义，甚至在培训结束后仍然主动地阅读相关书籍或继续参加相关内容的培训项目。

三、具身学习的视角

（一）具身学习理论的基本观点

学习的本质和过程是什么？认知与身体的关系是什么？关于这些问题，西方的文化传统关注更多的是灵魂或心灵的升华。柏拉图认为教育是使灵魂转向的技艺，而身体充满了欲望等使人分心的东西，是思维和认识的障碍。其后的很多西方哲学家也认为灵魂和身体是相互分离的。这种身心二元论使教育与教学"扬心抑身"，重视精神培养，贬低身体需要。20世纪50年代末，随着计算机专业的发展，认知科学诞生，认知科学家将计算机作为心智过程的隐喻，关注人的头脑对信息的输入、加工、存储和提取的过程。20世纪80年代，由于神经科学的发展，认知科学家开始借鉴神经网络模型来替代心智的计算机隐喻，力图运用脑科学理解心智的内部工作机制。但是他们关注的仍然是大脑，似乎心智过程只发生在大脑。[1] 在这种认识下，学习是发生在人的"脖颈"之上的，身体仅仅被当成一个容器，是一个把心智带到课堂的"载体"。[2]

然而，人类认识的过程并非简单的心智活动和逻辑推演过程，这种忽视身体、经验、环境的认识论逐渐被研究者和教育实践者质疑，以"心智的具身性"为核心特征的第二代认知科学思潮逐渐兴起。[3]

具身认知反对认知主义的二元论，其核心观点是，心智是身体的心智，认知是身体的认知。认知根植于身体活动，是通过身体的体验及其活动形成的。思维并非仅仅同作为外在世界客体的身体相联系，思维源于整体的人，源于有机体。大脑中

---

[1] 叶浩生：《认知与身体：理论心理学的视角》，载《心理学报》，2013(4)。
[2] 叶浩生：《身体与学习：具身认知及其对传统教育观的挑战》，载《教育研究》，2015(4)。
[3] 李其维：《"认知革命"与"第二代认知科学"刍议》，载《心理学报》，2008(12)。

的活动并非思维的唯一源泉，思维是由这个身体制造出来的。①

第一，心智与身体的一体化首先表现在身体对认知的制约和塑造作用上。认知是通过身体的体验和活动方式实现的，即认知的内容就是由身体提供的。我们表征这个世界的基础概念是通过我们直接的身体体验——感知运动系统，如"前""后""上""下""推""拉"等。那些不那么基础的概念是由对这些基础概念的隐喻拓展来表征的。我们的成语中就有大量借助身体的隐喻，如左膀右臂、脚踏实地、削足适履。② 所以，在学习复杂概念时，我们常常需要借助熟悉的比喻体系。

第二，认知的过程和方式也会受到身体的影响。大量的研究发现，身体会影响知觉、记忆、语言理解、决策等认知过程。例如，有研究发现，持续使用"站式"课桌的学生比使用"坐式"课桌的学生在执行功能、工作记忆等认知能力上有明显提升。③ 关于创造性思维的研究发现，人在随意散步时的创造性要显著高于伏案工作时的创造性④；在舞蹈20分钟后，创造性思维有显著提升⑤。

第三，身体还会影响情绪。美国心理学家詹姆斯（James）提出情绪就是对身体变化的知觉。他认为情绪只是一种身体状态的感觉，情绪产生的原因纯粹是身体的变化。他指出，人们的常识认为，先产生某种情绪，之后才有机体的变化和行为的产生，但他的主张是，先有机体的生理变化，而后才有情绪。⑥ 有研究让被试用嘴横着叼住一支铅笔观看影片，与正常观看影片的被试相比，他们觉得影片更有趣、更好笑。这是因为叼住铅笔的动作让他们不得不做出微笑的表情，这让他们更高兴。表情、姿态对于情绪的影响已经被大量的研究证实。昂首挺胸会让人感到更加自信，蜷缩身体会让人感到更加抑郁。

---

① D. Francesconi and M. Tarozzi, "Embodied education: A convergence of phenomenological pedagogy and embodiment," *Studia Phaenomenologica*, 2012, 12.
② 叶浩生：《认知与身体：理论心理学的视角》，载《心理学报》，2013(4)。
③ R. K. Mehta, A. E. Shortz and M. E. Benden, "Standing up for learning: A pilot investigation on the neurocognitive benefits of stand-biased school desks," *International Journal of Environmental Research and Public Health*, 2015(1).
④ 周艳云：《身体状态对创造性想法产生的影响》，硕士学位论文，西南大学，2016。
⑤ J. C. Gondola, "The effects of a single bout of aerobic dancing on selected tests of creativity," *Journal of Social Behavior and Personality*, 1987 (2).
⑥ 彭聃龄：《普通心理学》第4版，432页，北京，北京师范大学出版社，2012。

第四，认知、身体、环境是一体的。完成一项认知任务需要耗费我们的认知努力，但如果我们的认知能根植于适宜的物理环境和社会环境，认知负荷就能够减轻，认知水平就能够提高。例如，儿童理解分数的概念往往有困难，但如果能让他们对切块的比萨进行操作，他们就能更轻松地完成分数运算。又如，要在书架上找到一本书，常常花费我们很多时间，但如果书架上的书是按照内容的类别或者书名的首字母排序的，那么我们找书的效率就会大大提高。从这两个例子可以看出，如果我们能够跟被恰当组织起来的物理环境互动，我们的认知能力会有所提高。与社会环境的互动也是如此。要驾驶一艘大船出海，这个任务超出一个人的能力范围，但是把这个任务分配给多个专业人员，他们分工协作，就可以完成。人与人之间的物理距离还会影响心理距离。如今，现场会议经常被视频会议所替代，远程学习已经是一种普遍的学习方式。然而研究表明，物理距离会让个体产生心理疏远的感觉，会和他人产生相互的不信任，这样个体就很难跟别人达成共识并信任他们。也就是说，如果你想和某人看法一致，可能就需要跟他当面探讨。从这个角度来看，面对面的学习交流具有远程学习不可取代的优势。①

具身认知理论的兴起对教育领域产生革命性的影响。认知研究的具身取向推动了学习观念的重大转变，研究者将视域逐渐转向身体对学习的重要意义，开始关注身体及所处环境在学习中的重要价值，正视身体实践逻辑在主体发展中的重要意义。研究者提出了具身学习，即学习者在生活、工作或学习中通过身体及其感知运动系统与环境的交互，获取具身经验，使个体在行为或行为潜能上产生积极的、变化相对持久的过程。具身学习是一种综合了心理学、神经科学、社会学和人机交互等多个领域的新型学习方式。神经科学和人工智能的发展为具身学习开辟了更为广阔的应用空间。

（二）从具身学习理论看教师学习动机

认知的动力系统理论认为，认知不是只属于脑，而是涌现于脑、身体和世界之间的动力交互作用中。动力系统理论主要揭示了具身学习的动力机制，就此也可以

---

① [美]西恩·贝洛克：《具身认知：身体如何影响思维和行为》，李盼译，125 页，北京，机械工业出版社，2016。

说，具身学习始于认知动力系统的失衡，即心智、身体和环境之间的不平衡。教师学习的动机不仅仅是教师的信念价值系统在发挥作用，还是教师的心智、身体与环境相互作用的结果。正如成人学习研究者克拉克(Clark)所说的，每次我们感知世界的时候，都是无意识地依靠着世界给我们身体的冲击以及我们身体对那些冲击的回应。①

教师学习的动机具有具身性。这表现在，教师的学习动机受到教师身体参与的影响。当一个人的身体动作积极响应所学知识时，他就表现出对该知识更高的偏好等级，从而将它作为爱好兴趣，而不是当作任务去完成，并实现知识转移。当教师把威严和人们赋予的崇高形象当成一种压力时，他们站在讲台上，就营造出了距离感。这种距离感不仅束缚了学生的身体，而且束缚了教师自己的身体，教师将这样的已经习惯了被束缚的身体带到他们生活的各个方面，包括教师学习的过程。② 在一些教师培训的场景，我们常常看到的画面是专家站在讲台上，运用 PPT 演示讲解，教师坐在教室里，边听专家讲解，边记笔记。教师对学习的参与只在脖颈以上。在这种学习情境下，教师的身体被大大忽视了。动机是由情感驱动，有认知参与的。因此，要从内而外激发教师的学习动机，增强教师在学习中的身体参与，包括身体活动的激活和情感的激活。只有身体在物理上和情感上都被激活了，知识才能从"冷"的变成"热"的，教师学习才能从脖颈以上的变成全身心投入的。

教师学习的物理环境和社会环境也影响着教师学习的动机。具身学习理论强调，认知根植于身体和环境。经过科学设计的学习环境是教师学习的助推剂。教师学习的物理环境和社会环境能否促进教师的身体参与、身体体验和身体表达，减轻教师在学习过程中的认知负荷，缩短教师与专家、教师与教师、教师与知识、教师与课堂的物理距离和心理距离，对教师学习的动机和效果具有重要影响。在具身学习的思潮下，媒介技术和人工智能技术被一些研究者和实践者应用到学习环境的创设中，以增强学习者的沉浸体验。建立与技术的具身关系也是具身学习的重要发展趋势之一。

---

① M. C. Clark, "Off the beaten path: Some creative approaches to adult learning," *New Directions for Adult and Continuing Education*, 2001(89).
② 裴淼、刘姗希:《"以身体之，以心验之"——具身认知理论视角下的教师培训项目设计与实施》，载《教师教育研究》，2018(3)。

第三节　激发教师的内在学习动机

场动力理论、自我决定理论和具身学习理论强调了学习者主体与环境场域的互动、学习者的心理需要和身体在学习动机中的重要作用。激发教师学习的内驱力，要重视教师与环境场域的互动，满足教师的基本心理需要，提高教师学习的具身性。

一、激发教师主体动力，促进教师与环境场域的积极互动

场动力理论认为动机受主体与环境的交互作用的影响。需求让人产生内在紧张感，通过采取行动并对环境发生作用以寻求紧张的释放，这就是动机的过程。教师的生活空间包括教师的个体心理场和环境场。要激发教师的内在学习动机，就要从整体上关注教师的整个生活空间。如果仅有教师的热情和努力，没有环境的积极反馈和支持，学习动机难以持久；如果只有环境的要求和激励，没有教师的内在需要，教师心理紧张系统的张力也不够强。因此，要激发教师的学习热情，促进教师的学习投入，就要从教师主体和其所处的环境场域两个方面入手，激发教师的主体动力和环境场域动力，促进教师与环境场域的积极互动。

（一）增强职业认同，激发教师主体动力

在教师主体方面，首先要使教师建立信念价值系统，增强教师的职业认同感。教师职业认同是教师对其职业及内化的职业角色的积极认知、体验和行为倾向的综合体现，包括教师角色价值观、职业行为观、职业行为倾向、职业价值观与职业归属感。[1] 职业认同是教师自我建构的结果，教师通过与环境互动建构关于个体和职业的当前意义，它是教师对教师职业的积极态度和奉献感。教师的职业认同是影响

---

[1] 宋广文、魏淑华：《影响教师职业认同的相关因素分析》，载《心理发展与教育》，2006(1)。

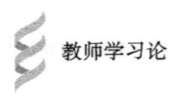

教师学习动机的重要因素之一。

当认同教师职业对于社会和个人的意义，热爱教育事业，发自内心地关心学生的成长和发展时，教师就能从更高的站位上理解教育政策，自觉地将外在要求转化为内在需要，主动追求发展，从而产生内在的学习动机。

（二）促进教师与环境场域的积极互动

学校场域是影响教师学习动机的重要场域。良好的校园政策导向、文化氛围、资源配置、工作环境及条件会直接影响教师的心理场，激发教师的主体动力。学校为教师提供的学习时间、空间、学习机会和资金上的支持以及文化氛围上的支持对激发教师的内在学习动机至关重要。有研究调查了学校领导、同事和家人对教师学习的支持，结果发现，学校领导多从情感方面支持，同事多从信息与情感方面支持，家人多从经济方面支持。学校领导对教师学习的情感支持远高于对时间与经费的支持。一般说来，学校领导基于学校变革发展需要，会通过思想动员鼓励教师积极学习，但在实践中则常认为学习是教师个人之事，要自己安排时间学习，为教师提供的时间与经费支持显得不足。同事之间相处时间多，交流频繁，教研组、学科组、外出学习培训等信息分享更易于为教师提供信息支持。同时，同事之间的工作与学习体验相似，彼此的学习交流易引起情感共鸣，也易于从情感方面支持教师学习。研究发现，同事支持能够显著地正向预测教师的学习投入。[1] 同事间在学习上的相互支持有利于构建积极向上的教师学习文化氛围，教师会在潜移默化中增强学习的认同感，会以更加积极主动的态度对待学习，感受学习的乐趣。

学校是学习型组织，学校要建立和完善教师学习制度，立足不同教龄与职务的教师差异，制定梯度化、差异性、可持续的教师学习机制；建设教师学习共同体，创建支持、宽容、民主、平等的教师学习文化，激发教师的学习热情，支持教师积极开拓，使教师在友好、放松的心理环境中学习和发展；关注教师多元化的学习需要，提供多样化的资源和支持。学校领导要率先垂范，走在前面。

在家庭场域，家人是教师的重要情感依托，亲人的支持和理解影响着教师学习

---

[1] 刘世清、侯浩翔、黄攀攀：《中小学教师学习投入与社会支持的关系研究》，载《教师教育研究》，2021(2)。

的态度与感受。上述研究还发现，家庭成员的支持能够显著预测教师的学习投入；新教师学习和学校领导的学习获得的家庭支持较多，班主任的学习获得的家庭支持较少。新教师处于职业起步阶段，家人会给予更多的关心和支持。班主任工作需要投入较多的时间精力，家庭生活会受到影响，因此得到的家人理解和支持相对少。学校领导虽然工作非常繁忙，但是家人认为其职责重要，也会给予更多支持。因此，要加强家校合作，学校就要加强与教师家庭的交流，增进家人对教师工作的理解，尤其是对班主任的理解，使家人理解教师工作的不易，体会教师工作的荣光，给予更多关怀和支持，使教师能够更好地协调工作、学习与生活的关系，鼓励教师学习和发展。教师个人也要积极改造身边环境，争取家人的理解和支持。

社会场域也对教师学习有着重要影响。如果尊师重教的社会氛围不够浓厚，一些教师会认为教师职业的社会地位不高。有研究调查了我国义务教育阶段教师对自身社会地位的主观评价，结果显示，我国义务教育阶段教师的主观社会地位整体水平较低。[①] 此外，社会舆论还常常表现出对教师过高的要求和期望。这些都影响了教师的职业认同，进而影响教师学习。因此，社会场域需要营造和谐的社会氛围，有健康的舆论导向。社会不仅要重视和尊重教师职业，而且要对教师持有合理的期望。

二、支持教师的自主需要、胜任需要和关系需要

当教师以内部动机学习时，他会更投入，思维和行动卷入更深，会更享受学习的过程，体验到愉悦感和幸福感。这时，教师的学习不再是为应对外界要求而为之，不再是工具性的，而是与他们的自我融为一体。激发教师学习的内部动机，不是只为了追求教师更好的学习效果，而是把教师看作完整的人；不是只关注他们作为教育者的工具性，而是更多地去关注学习如何使教师成为更幸福的人。

但在现实中，教师学习的动机多与教学工作联系起来，出于提升教育教学的诉求，教师关注学习对改进教学、促进职业发展的重要作用，教师更认同学习的工具

[①] 李维、秦玉友、白颖颖：《我国义务教育教师主观社会地位影响因素的实证分析》，载《教育学报》，2019(4)。

性，学习求知的内部动机尚显不足。根据自我决定理论，要提升教师学习的内部动机，实现学习动机从无动机—外部动机—内部动机的发展，就需要让教师在学习过程中体验到自主、胜任、关系这三种基本心理需要的满足。如果说场动力理论从宏观层面上为激发教师学习动力提供了总体框架，那么自我决定理论则在中观层面上为教师学习项目的设计提供了重要启示。

（一）支持教师的自主需要

作为多年从事教师教育的工作者，我们发现，当询问教师"参加学习是否重要"时，教师基本都能认识到学习的重要价值。但是当实际参加教师学习项目时，我们发现，很多教师又是抱着外部调节和内摄调节的动机来的。这是因为教师在学习过程中的基本心理需要，尤其是自主的需要没有被满足。例如，有些教师的工作负担很重，没有多少自主的学习时间，大多因为学校安排，不得不来参加学习，教师的自主需要被压制了。在这种情况下，教师在学习中的主动性和投入程度都不够。要让教师感到"因为这个学习内容对我重要，所以我要参加这次学习"，就需要先给教师自主选择的空间。目前，有些地区的教师培训项目还是由上级安排教师参加，教师缺少对学习项目的选择权。

给教师提供选择学习内容的权利，意味着设计教师学习项目的内容要深入了解教师教学工作的现状和需求，要站在教师的角度和立场，理解教师的内心，使学习内容能够引领和满足教师的发展需要，让教师愿意且主动地参加学习。

在学习的目标上，教师学习项目可以让教师参与到制定目标的过程中来。支持教师自主参与，将制定出教师致力于实现的最佳目标，因为他们自己在制定这些目标的过程中扮演了积极的角色。共同制定学习目标的过程能帮助教师反思自己的工作方式，鼓励他们接受新的挑战，增强他们实现目标的动机。

在学习的方式上，不少教师的学习方式仍然是以专家讲座为主，在这样的学习方式下，专家单向地向教师传递信息，要求教师全盘接收，很少给教师自由发挥与创造的空间。在这种情况下，教师的自主需要也是被压制的。教师学习项目要给教师创建双向交流和多向交流的通道，鼓励教师的自由表达和创造。

在学习的评估上，如果教师参与了学习目标的设定，那么教师也可以参与评估自己的学习。没有人比学习者自己更清楚他们学得怎么样。最理想的评估就是学习者根据自己设定并致力于达到的标准来评估自己的表现。

需要强调的是，支持自主并不意味着没有要求和界限。支持自主让教师感到自己的学习行为是自己选择的，而不是被别人要求的，他们就更能为自己的学习承担起责任。

（二）支持教师的胜任需要

当在学习的过程中体验到胜任感，教师就会以更大的热情投入学习。支持教师的胜任需要，使教师体验到成就感和更强的自我效能感，是激发教师内在学习动机的重要途径。

胜任感与任务的挑战性和学习者的技能有关系。心流理论认为，只有当技能与挑战难度匹配得当的时候，人们才会体验到心流。因此，要想使教师在学习中体验成就感，学习任务的设计和教师的实践转化就显得非常重要。

例如，某名校长工程项目以"领导学校变革"为主题，在实践环节，参加项目的一位学员校长主动报名，这位校长在其所在的山村学校进行了一场真正的学校变革。所有参加项目的学员校长共同运用项目前期所学，制订了这所学校的组织机构、人事薪酬制度和课程改革的方案，并共同推进。这个过程虽然充满困难，但是经过近一年的时间，这所学校成功地实现了各个方面的变革，教师和学生都发生了积极的变化。所有学员都感到无比振奋。这是一项非常有挑战性的、真实的、有意义的任务，这样的任务极大地激发了学员校长的热情。成功的体验让他们获得了很强的成就感和领导学校变革的自我效能感。那所山村学校的校长是主动报名的，是自主选择的，因此在整个过程中他都主动承担学习和领导变革的责任。

从这个案例我们还可以看出，将学习进行实践转化也非常重要。胜任感不仅来自在学习中的所得与所悟，而且来自运用所学解决了实际的问题，感到自己的能力获得了真正的提升。在教师学习中，教师常常不能主动地将学习到的理论、观点、技能应用到他们的教育实践中。这种现象更容易发生在"坐而论道式"的教师学习的场景中，专家传授理论、知识和技术，教师的实践转化主要靠自身的能动性。教师没有运用所学去解决实际问题，就难以真切感受到自己的能力提升，胜任感也就会大打折扣。因此，在设计教师学习项目时，学习的内容首先要与教师的日常工作和生活相贴合，任务的挑战性要在教师的最近发展区，要有真实的、有意义的学习任务，提供教育实践的机会，跟进教师的行动转化过程，并给予指导，让教师感到通过自己的学习和行动获得了有意义的结果，得到了能力上的提升，从而获得成功的体验。

胜任感还与积极反馈有关系，反馈是获得心流体验的重要条件。在教师学习过程中，关注教师的点滴成长，教师之间相互给予积极反馈，让教师评估自己的点滴进步，进行自我激励，这都是支持教师胜任感的有效途径。

（三）支持教师的关系需要

人是社会的人，每个人都需要被爱、被尊重、被关心，这是人的基本心理需要。教师学习的环境如果能让教师与他人建立真诚的情感联结，形成对学习共同体的归属感，那么教师就更愿意在这个共同体内学习，更享受学习的过程。

在教师学习中，营造平等交流、认真倾听、相互尊重、彼此欣赏、互相支持的学习氛围，是对教师的关系需要的重要支持。要关心教师的感受，鼓励他们表达，允许他们犯错。当感受到学习的场域是安全的、包容的，教师更能表达内心的真实想法，也更有可能得到他人的情感回应，从而建立与他人的紧密联结。

自主支持也会影响教师的关系需要的满足。鼓励教师为学习共同体内的决策提供建设性的建议，主动贡献想法、资源和服务，能够促进教师产生对学习共同体的归属感，使教师感到更自由、更舒服、更温馨。

三、提高教师学习的具身性

具身学习理论认为，心智与身体是一体的。教师职业生命的实现需要给予身体生命足够的观照。只有教师的喜悦与失落、热情与焦虑、理性与感性等都得到了观照，教师的职业生命才能变得真实、丰盈。正如印度哲学家奥修所说，感官性是人类最伟大的祝福之一，那是你的敏感度、那是你的意识、那是你的意识渗透了你的整个身体。① 教师学习项目关注的重点不应只在于让教师增加更多的知识，告诉教师该如何做，而应在于教师能否愉悦地、自觉主动地探索智慧；不是只关注教师的

---

① [印]奥修：《智慧金块》，林国阳译，11页，上海，学林出版社，1996。

工具性作用，而是要关注教师作为完整的人的状态。这要求教师学习项目的设计能促进教师的身体卷入，提升教师的学习动机，在达到更好的学习效果的同时，促进教师的身心融合，使教师向更加丰盈的生命状态迈进。

(一) 增强教师的身心投入

首先，教师学习项目的设计要关注教师的身体状态。在教师培训中，我们常常会看到这样的现象：一些教师早早出门，在路上花费两个多小时才能赶到学习现场，学习还没开始，身体就已经处于疲惫的状态了；有的培训安排在晚上，教师需要在结束一天繁忙的工作后挤占休息时间来参加学习，那么学习就只会是一件令人感到身心俱疲的事情。因此，教师学习项目的设计要充分考虑和关注教师的身体状态，让教师以良好的身心状态投入学习。

其次，教师学习项目的设计要能增加教师的身体参与和情感投入。学习不仅仅是视觉的、听觉的输入与输出，还要有触动觉等多感官通道的参与和情感的投入。教师学习不能只让教师坐在学习会场，一边听专家讲一边记笔记，而要调动教师的大脑，使他们在做中思考。一项研究对比了两种学习方式——基于故事的学习和基于游戏的学习，发现两种学习方式都显著地提高了学习者的知识水平，但基于游戏的学习对知识水平的提高更显著，学习者的沉浸程度更高，对学习的内部动机更强。[1]

最后，教师学习项目的设计要增进教师的表达和交流。既要有言语的表达和交流，又要有身体的表达和交流。拥抱能更快地拉近人与人的心理距离，肢体行为的表达有时比言语的表达更有效果，因为我们对身体的感受和理解比对语言的感受和理解更直接、更深刻。美国心理治疗师萨提亚(Satir)在其工作坊中就经常使用"雕塑"的技术，让受训者用身体姿态和距离来反映"雕塑者"与他人的关系，并询问"雕塑者"身处这一位置和姿态的感受。这是一项非常有力的技术，能够刺激"雕塑者"的知觉系统，直接由身体引发其内在的深层感受，而且能帮助其他成员迅速地感受和理解"雕塑者"的心境。

---

[1] S. Barab, P. Pettyjohn and M. Gresalfi, et al. , "Game-based curriculum and transformational play: Designing to meaningfully positioning person, content, and context," *Computers & Education*, 2012(1).

（二）创设适宜的学习环境

具身学习理论认为，认知、身体、环境是一体的。环境为学习提供了支持，认知本身就存在于环境之中。创设适宜的学习环境对于提升教师学习动机、促进教师学习非常重要。

首先，教师学习环境要能够减轻教师学习时的认知负荷，支持教师的深度学习。例如，有独立的学习空间会有效地支持教师学习。如果教师学习的场地是在办公室，教师的学习可能会经常被学生或其他事务打断，教师的认知负荷就会增加。环境的设置要能够支持思维过程和学习成果的可视化，将认知分布于环境之中。教师学习项目可以利用环境和媒介，如墙面、可擦除的桌面等，来实现学习的可视化。

其次，加强教师学习的"现场感"。通过真实的教育情境，或者通过对真实教育情境的模拟，解决教师在教育实践中的问题，是提升教师学习动机的重要途径。另外，从抽象的知识到具体情境的迁移是困难的，这也是教师培训中的难题。培训给教师传授了很多知识、观念，但教师并不会自觉地将其转化为教育行动。"知行合一"往往比我们想象的要更困难，这是因为"知"的情境和"行"的情境常常不同。但如果在"行"中"知"，那么迁移就要容易得多。因此，真实情境中的身体体验对教师学习具有重要意义。

最后，创设有利于身体活动和互动协作的物理环境与人文环境。教师学习项目可以通过空间布局，给予教师充分的活动空间，并通过拉近教师与专家、教师与教师之间的物理距离，来缩短他们之间的心理距离。更重要的是，教师学习项目要创设平等交流、协作共学的心理氛围，促进教师的学习投入，实现教师身体与环境之间的互动、身体与身体之间的互动和心智与身体的协调。

（三）运用现代技术提高教师学习的具身性

技术与环境、认知是一体的。一方面，技术可作为促进具身学习者与学习环境交互的调节工具，提升学习者的身体参与水平，使学习者获得身临其境的知觉感受和身体体验，从而帮助学习者完成对所学目标内容的意义建构。另一方面，技术可作为使学习者具身学习思维过程可视化的重要工具，为具身学习的调节与指导行动提供较为客观的参考依据。运用现代技术提高学习的具身性是具身学习发展的一个重要趋势。

教师学习项目的设计可以运用现代技术提高教师学习的沉浸感和交互性。虚拟现实技术可以让人沉浸于计算机生成的三维虚拟环境中，把人难以想象或体验到的物理情境变为可能。增强现实技术可以在真实环境中增添或移除由计算机实时生成的、交互的虚拟物体或信息，呈现在空间和时间上与真实物理对象相结合的教育内容。这些技术能减轻学习者的认知负荷，增强学习者的沉浸体验和身体互动，并且已经在实验室和学生的课堂中被探索和实践，在教师学习中也有较广阔的应用前景。

教师学习项目的设计还可以运用信息技术进行更多元的学习评估。随着学习环境的沉浸化、具身化和实践化，评价方式也应随之改变。例如，引入嵌入式评价，即利用混合现实环境无缝捕捉大量关于学习者动作的数据，通过分析收集到的数据，确定教师的学习活动是否随着时间的变化而变得更加熟练和更具适应性，教师的学习动机水平、具身学习设计是否需要加以改进等。[1]

---

[1] 陈醒、王国光：《国际具身学习的研究历程、理论发展与技术转向》，载《现代远程教育研究》，2019(6)。

第四章
教师学习转化与素养提升

本章概述

　　教师学习是教师专业成长的基本过程，其根本目的在于教师理念的更新、知识与技能的积累、能力的发展。学习转化既是教师学习的重要环节，也是教师学习目标实现的关键。本章针对教师学习转化，就其内涵、影响因素、特点、结构与策略进行探讨。教师学习如何转化为教师的核心素养，其策略可以从内部和外部两个方面来考虑：内部策略可称为自主策略，包括反思性策略、对话性策略、行动性策略；外部策略可称为促进策略，重点是建立教师成长的涵养环境。

第一节　基于教师核心素养提升的学习转化

长期以来，教师培训的针对性和实效性始终是实践一线与学术研究领域关注的焦点。早在2013年，《教育部关于深化中小学教师培训模式改革 全面提升培训质量的指导意见》就明确指出：近年来教师培训工作取得明显进展，但也存在培训针对性不强、内容泛化、方式单一、质量监控薄弱等问题。这与主动适应深化基础教育课程改革、全面实施素质教育的现实需求相比存在差距，难以满足广大教师接受更高质量培训的期盼。面对这样的状况，教师培训开始了从关注"培训"向关注"教师学习"的转型。但是并非实现了这个转型，就一定会提高培训的针对性与实效性。就我们的培训实践来看，要提高这两个方面的水平，就必须有效推动教师的学习转化。

一、教师学习转化的内涵、影响因素与特点

关于教师学习转化，系统地来思考，应该回答好这样三个问题：一是转化什么，即教师学习的内容，从培训的角度来讲，主要是培训课程；二是如何转化，即学习转化的策略；三是转化成什么，即通过学习转化形成教师的知识、能力与核心素养。要回答这三个问题，首先需要对学习转化的内涵与影响因素进行探讨，并能提取出其重要特点。

（一）学习转化的内涵

国内学术界对成人学习转化的研究，主要集中在对麦基罗（Mezirow）转化学习理论（transformative learning）的阐释与应用方面。该理论也被称为质变学习，麦基罗认为，转化学习理论试图阐明隐含在语言能力或人类发展中的具有普遍意义的条件和规则。具体而言，它试图解释成人学习的结构，并确定通过什么过程，看待和解

释我们经验(意义视角)的参照框架发生了变化和转变。① 这样一种成人学习理论，试图描述和分析成年人是如何给他们的经验赋予意义的。② 其实在麦基罗理论的基础上，许多学者也都做了深入研究，并很好地完善了转化学习的思想，如博伊德(Boyd)对麦基罗转化学习理论进行了批判，认为其理论过于强调转化学习中的理性因素，而忽视了成人的情感等非理性因素。他认为，从本质上讲，转化是成人内在的个性化建构过程，成人通过反思形成个人独特的精神结构。③ 由此可见，转化学习试图揭示成人如何把自己所经历的东西转化为有意义的内容。这种转化是一个过程，它可能会带来已有知识、观念、思维、情感、信念、价值等的结构变化。如果用一个简单的流程来解释，就是新学习的知识进入学习者已有的经验体系，经过多层次(如布卢姆的三类型六层次等)的信息加工，最终发生同化或顺应，使学习者已有的经验体系得到了补充或修正。按照这样的逻辑，我们可以将教师的学习转化理解为：教师在通过多种方式进行学习的过程中，将自己所学的内容与自己已有的经验体系相联系，通过同化或顺应的方式，将所学内容纳入自己的经验体系，实现已有经验体系的变化，以不断提高自身的核心素养。

(二)教师学习转化的影响因素

影响教师学习转化的因素很多，从学术界的研究来看，主要体现在三个方面。

1. 已有经验

这是学习研究中一个非常重要的因素，通常指学习者的先前知识。这类知识包括事实、概念、模型、感知、信念、价值观和态度的混合物，其中一些是准确的、完整的并适合于语境的，其中一些是不准确的、不充分的……或根本不适合于语境的。④ 当先前知识是准确的、充分的且与手头的任务相关时，这种知识就有助于学习；当先前知识不起作用、不准确、不充分或不适合特定语境时，这种知识就会阻

---

① J. Mezirow, *Transformative dimensions of adult learning*, San Francisco, Jossey-Bass Publishers, 1991, p. 10.
② J. Mezirow, *Transformative dimensions of adult learning*, San Francisco, Jossey-Bass Publishers, 1991, p. 112.
③ 刘晓玲：《国外成人转化学习理论发展的比较研究》，载《教育学术月刊》，2015(4)。
④ S. A. Ambrose, M. W. Bridges and M. DiPietro, et al., *How learning works: Seven research-based principles for smart teaching*, San Francisco, Jossey-Bass Publishers, 2010, p. 14.

碍学习。① 关于先前知识在学习中的作用，教育心理学家奥苏伯尔（Ausubel）提出了锚定概念，并将其解释为学习者认知结构中特定的、相关的观念，为新的信息和体验提供切入点。② 已有经验在成人学习中的作用同样得到了研究者的关注，诺尔斯认为，成人教育中最有价值的资源存在于成人学习者自身，这就是学习者的经验，对成人教育影响的事实表明，在参与者的经验被忽略的情形中，成年人不仅把这种情形理解为对其经历的否定，还理解为对其本身的否定。这是因为对儿童而言，经历就是发生在他们身上的一切；对成年人而言，经历即他们本身。③ 麦基罗的转化学习理论同样对经验的作用给予了充分肯定，正如前述，他认为转化学习的结果是"看待和解释我们经验（意义视角）的参照框架发生了变化和转变"，这个参照框架就是成人学习者的已有经验。

教师作为成人学习者，同样如此，经验在其学习中占据十分重要的地位，且教师的经验更加系统，特别是越年长的教师经历越丰富，其经验体系也越成熟。正因如此，教师的经验体系对学习而言是优势，能够更加有效地作为新学习内容的加工框架，有助于更好地理解、分析、综合，充分吸收新学习内容，但这样完备的经验体系也会成为教师学习的阻碍，使教师对新学习的内容有了更多主观的、个性化的加工，在一定意义上还会对新学习的内容产生抵触情绪。基于这样的认识，如果从教师已有经验的角度来看培训需求，其中一个重要的视角应该是围绕培训主题对教师的已有经验，包括知识、能力、情感、态度、动机、价值取向等做出诊断性评价，以更加精准地设计培训课程。

2. 内部动机

关于成人学习的内部动机问题，诺尔斯非常明确地指出：成年人对一些外部刺激因素（更好的工作、升职、更高的薪水及诸如此类的因素）产生回应，但最强有

---

① ［美］玛西·P. 德里斯科尔、凯瑞·J. 伯纳：《学习心理学》第 4 版，窦卫霖译，147 页，北京，人民邮电出版社，2023。

② ［美］玛西·P. 德里斯科尔、凯瑞·J. 伯纳：《学习心理学》第 4 版，窦卫霖译，149 页，北京，人民邮电出版社，2023。

③ ［美］马尔科姆·S. 诺尔斯等：《成人学习者——成人学习和人力资源发展之权威》第 7 版，龚自力、马克力、杨勤勇等译，57 页，北京，北京师范大学出版社，2016。

力的激励因素为内在的压力(对提高工作满意度的渴求、自尊、生活质量等因素)。① 对此,我们在一项有关教师学习的调研中发现,中小学教师总体来看学习的内部动机较强,特别是当感知内容知识和教学技能不足、课堂管理面临挑战、与以学生为中心的教学方式存在差距时,教师会产生学习的内在动机。② 正因如此,长期以来,我们始终致力于推动教师培训核心目标的转型,即从知识与能力的提升,转型为激发教师自主学习的动力与行动。如果教师能够在内部动机的激励下去主动地学习,那么其学习转化也就具备了非常有利的条件。

3. 学习策略

学习策略的研究由来已久,早在20世纪末,研究者就做了大量研究。有人认为"学习策略,就是学习者为了提高学习的效果和效率、有目的有意识地制定的有关学习过程的复杂的方案"③。本书作者也对当时国外有关学习策略的一些前沿研究做过介绍。④ 近年来,随着对教师学习的日益关注,学术界也开始对教师学习策略进行研究。有研究者认为,教师学习策略是指教师在工作学习的情境下为了达到学习和发展的目标而进行的各种具体行为操作。有效的教师学习策略是教师学习和发展的重要保障。研究还通过探索性因素分析和验证性因素分析建立了教师学习策略的七因素模型,即由七个具体的学习行为构成的教师学习策略模型。这些学习行为包括反思实践、专业对话、阅读规划、观摩学习、拜师学艺、记录研思、批判性思维。⑤ 从这项研究来看,教师学习的这些策略行为,与麦基罗转化学习的策略基本是一致的。因为麦基罗的转化学习也非常重视批判性反思和专业对话。可见,教师学习中所运用的有效学习策略,也是促进其学习转化的重要影响因素。

(三)教师学习转化的特点

根据前述观点,我们可以概括出教师学习转化的几个主要特点:一是自主性,

---

① [美]马尔科姆·S. 诺尔斯等:《成人学习者——成人学习和人力资源发展之权威》第7版,龚自力、马克力、杨勤勇等译,58页,北京,北京师范大学出版社,2016。
② 汤丰林:《中小学教师学习研究:现状与对策——基于北京市1066位教师的调查数据》,载《北京教育学院学报(社会科学版)》,2021(5)。
③ 刘儒德:《论学习策略的实质》,载《心理科学》,1997(2)。
④ 汤丰林:《学习策略的教学与训练述评》,载《高等师范教育研究》,1996(6)。
⑤ 张敏:《教师学习策略结构研究》,载《教育研究》,2008(6)。

即教师的学习转化一定是一个充分发挥自身主观能动性，自觉、自主进行学习的过程；二是反思性，即教师的学习转化是教师充分运用已有知识和经验进行不断反思与总结的过程；三是实践性，即教师的学习转化一定是指向教育教学实践，使教师不断提高自己教育教学水平的过程；四是成长性，即教师的学习转化是一个促进教师自身专业发展的过程。

二、学习转化与教师的核心素养

教师的学习转化不仅仅是促进教师知识的更新与能力的提升，从教师可持续的专业发展来讲，还应该着重提升其核心素养。

（一）教师的核心素养的内涵

近年来，核心素养可谓基础教育领域一个热门的概念，从学界专家到一线教师，几乎是言必谈之。作为中国学生核心素养推动者的林崇德教授认为，核心素养是学生在接受相应学段的教育过程中，逐步形成的适应个人终身发展和社会发展需要的必备品格和关键能力。核心素养具有六个基本特点：第一，核心素养是所有学生应具有的最关键、最必要的基础素养；第二，核心素养是知识、能力和态度等的综合表现；第三，核心素养可以通过接受教育来形成和发展；第四，核心素养具有发展连续性和阶段性；第五，核心素养兼具个人价值和社会价值；第六，学生发展核心素养是一个体系，其作用具有整合性。[1] 林崇德及学术界的相关研究有力推动了我国新一轮课程改革，使其建立在学生核心素养的基础之上，因此，《义务教育课程方案(2022年版)》在指导思想中这样写道："聚焦中国学生发展核心素养，培养学生适应未来发展的正确价值观、必备品格和关键能力，引导学生明确人生发展方向，成长为德智体美劳全面发展的社会主义建设者和接班人。"[2]当然，核心素养并不是我们的首创，世界各国都已进行了深入研究，只是在概念称谓上有所不同，

---

[1] 本刊编辑部：《核心素养的构建：回到原点的教育追问和反思——访北京师范大学林崇德教授》，载《基础教育课程》，2016(9)。

[2] 中华人民共和国教育部：《义务教育课程方案(2022年版)》，2页，北京，北京师范大学出版社，2022。

如经济合作与发展组织称之为"关键能力",美国、日本等国都称之为"21 世纪型能力"等。① 另外,各国在核心素养的构成要素上也各有侧重,有所不同。世界各国对学生核心素养的表述虽然不同,但是总体来看,基本都指向未来人才必备的素养,即一个国家各行各业的人才都首先要具有的"必备品格和关键能力"。

什么是教师的核心素养呢?对此,我们可以将教育部在 2011 年发布的幼儿园、小学、中学教师专业标准视为对教师核心素养的正式表述。该专业标准从专业理念与师德、专业知识、专业能力三个维度对不同学段教师应该具备的能力与素养做了设计。但社会的进步与发展,特别是新的时代要求和新的世界格局的变化,对教师提出了更高的要求。所以近几年,学术界开展了大量对教师核心素养的研究。比如,有研究者认为,教师核心素养是教师基于教师的专业知识和能力、需要在实践中形成和发展的、能够在教书育人过程中促进学生核心素养发展的必备素养,具体包括知识素养、能力素养、伦理素养与实践智慧。② 还有研究者提出:"教师核心素养是教师解决教育情境中复杂问题的高级能力与人性能力",其"本质是教师的理解力,包括教师的教育理解力、学生理解力、学科理解力、社会理解力等",具体素养涉及"学科专长、跨学科理解、学科教学能力、课程素养、学生学习理解、教育通识素养、信息技术素养、社会交往能力和教师伦理诸方面"。③ 从这些研究来看,对教师核心素养的研究虽然有不同的观点,但是从中我们也可以看到一些共同特征。概括而言,这些共同特征包括:时代性,必须体现时代对教师能力素养的要求;根本性,必须体现教师教书育人的品格、知识、能力等素养要求;结构性,教师核心素养不是单一的知识或能力,而是立体的、综合的素养结构;协调性,即要体现与教师专业标准及学生核心素养的协调一致性。基于这样的认识,我们可以将教师核心素养界定为:教师在特定社会与时代背景下,围绕人才培养目标,以教书育人为根本,从事教育教学所需要具备的价值观念、必备品格、专业知识和关键能力。

从教师核心素养的特征和内涵,我们可以看出研究教师核心素养所具有的重大时代意义。因为解决"培养什么人、怎样培养人、为谁培养人"的问题,关键在教

---

① 钟启泉、崔允漷:《核心素养研究》,3~4 页,上海,华东师范大学出版社,2018。
② 王潇晨、张善超:《教师核心素养的框架、内涵与特征》,载《教学与管理》,2020(3)。
③ 张华:《论教师核心素养与教学想象》,载《江苏教育》,2022(54)。

师。而新时代对教师的要求已经不同于过去，今天要求广大教师不仅要做"四有好老师""四个引路人"，而且要按照教育家精神不断提升自己，努力做"经师"与"人师"相统一的"大先生"。要做这样的教师，就必须具备符合时代要求的核心素养。

（二）教师核心素养的结构

基于对教师核心素养的基本认识，教师通过学习转化须提高的核心素养可以概括为这样六个方面。

1. 政治素养

政治素养是教师核心素养的灵魂。进入新时代，围绕着培养什么人、怎样培养人、为谁培养人的时代之问，教师能否担当起这样的时代使命，其政治素养非常重要。正如习近平总书记在学校思想政治理论课教师座谈会上强调的那样："新时代贯彻党的教育方针，要坚持马克思主义指导地位，贯彻新时代中国特色社会主义思想，坚持社会主义办学方向，落实立德树人的根本任务，坚持教育为人民服务、为中国共产党治国理政服务、为巩固和发展中国特色社会主义制度服务、为改革开放和社会主义现代化建设服务。"[1]正因此，教师必须具有鲜明的政治方向，坚定地践行党的教育方针，坚定地履行好培养社会主义事业建设者和接班人的责任和义务。因此，政治素养是教师之"魂"。

2. 精神素养

这个方面的素养可以用"魂"来表达，应该包括师德素养与情感素养。师德素养应该是教师的为师之本，因为"教育的最高目的乃是促成个体完整人格的形成，也就是个体德性的完成"[2]。因此，无论是学术界从教师的职业道德、专业道德、专业伦理进行的结构性学术表达，还是我们在办学实践中从"学高为师，身正为范"进行的自我修养表达，师德都是教师的首要品质。从这个角度来看，我们期待的有德之师，应该既要有坚定的政治方向，又要有深厚的仁爱之心；既要能担起时代大任，又要能经得起突破底线的世俗诱惑。他们不仅是良师，而且应该是具有教育家精神的"大先生"。情感素养是教师在情感、态度、动机、价值观等方面的综

---

[1] 教育部课题组：《深入学习习近平关于教育的重要论述》，45页，北京，人民出版社，2019。
[2] 钟启泉、崔允漷：《核心素养研究》，94页，上海，华东师范大学出版社，2018。

合体现，既包括对教育的认同与执着，也包括对教学的热爱与迷恋，还包括对学生的仁爱之心。通常"教师对教育职业的认识越深刻，自我价值的认同越高，越具有积极情感，越能产生正向作用；反之，教师的消极情感对教育教学会起到抑制甚至阻碍作用。教学过程只有教师融入情感，才能形成和谐的师生关系，达到以情优教、以情促教的目的"①。这便是说，情感素养具有动力作用，有助于教师积极投身于教育事业。概括而言，我们可以用为师的德行、热爱、仁爱来表达教师的精神素养。这样的素养应该是教师融入人格、融入精神世界的特质，是教师为人之师的底色。

3. 文化素养

教师要给学生一碗水，自己必须有一桶水。这句耳熟能详的隐喻，其中表达的是教师不仅要具有精深的专业功底，而且应该具有广博的文化素养。因为前者能让教师走得更深，后者则能让教师走得更远。因此，文化素养对教师具有非常重要的意义。但到底什么是教师的文化素养，学术界有不同的认识。例如，有人认为，文化素养是指人们在学习文、史、哲、艺等基本知识时通过领悟其内在意蕴或终极价值所形成的一种较为稳定的、内在的深邃品质、胸怀境界和价值倾向。它彰显的是一个人的知识、思想、品行等对他人发展、群体合作及社会进步的实际价值。② 还有人认为，"教师文化素养是反映教师人格、气质、情感、世界观、人生观、价值观等方面个性品质的一种综合心理特征，包括基本文化素养、学科文化素养和教育文化素养三个层面"③。其实，无论大家如何认识，教师的文化素养都应该体现的是教师的综合素质，可以用"厚"来表达，要求教师在哲学、历史、科学、文学、艺术等各个方面有丰富的储备与积淀，并能够体现为自己的人格特质、人文修养与科学素养。

4. 专业素养

这是教师核心素养的基础，是教师在专业、职业、行业和岗位等方面所拥有的

---

① 张意忠、谢昕琦：《如何培育教师的"积极情感"》，载《中国教师报》，2023-05-10。
② 王琳：《文化素养：中学思政课教师育人之魂》，载《中学政治教学参考》，2021(43)。
③ 吴延慧：《技术视野下的教师文化素养发展要求及实践策略》，载《汉字文化》，2021(23)。

素养。① 教师的专业素养"是作为教师这一专门职业的从业者在职业成长过程中形成的稳定的、独特的、发展的才智和品质，包括从事教育教学工作必备的专业知识、专业情感和专业实践"②。总之，这是体现教师作为一项专业性的职业所应该具备的基本素养，既包括所从教学科的学科素养，也包括学科教学素养，表现出的样态是"师能"。因此，教师专业素养突出体现了一个"专"字，要求教师必须具有扎实的专业基础知识和基本技能，以及开展教育教学工作的基本知识与技能。这一素养是教师踏踏实实做好"传播知识、传播思想、传播真理"工作的前提和基础。

5. 思维素养

有研究者认为，"教师专业发展的'瓶颈'指进入这一阶段(成熟期)的教师，已经不缺'经验'而缺'思维'了，后者不仅跟不上日益增长丰富的教学经验，而且阻碍了教师攀登新目标、再上新山顶"③。可见，思维对教师一生成长所具有的重大意义。教师的思维素养应该包括思维品质和思维方式。关于思维品质，林崇德认为，它是思维结果的评价依据，其成分很多，主要体现在五个方面，即深刻性、灵活性、独创性、批判性和敏捷性。④ 李政涛提出了思维品质的八个判断标准，分别是清晰度、提炼度、开阔度、精细度、合理度、创新度、融通度和生长度。⑤ 关于思维方式，有研究者认为，它"是由一些思想观点、价值取向、思维方法构成的相对稳定的思维的框架、指向、程式、模式"⑥。思维品质和思维方式直接影响着教师的教育教学效能与水平，是教师核心素养中的关键要素，是教师所有特质与素养得以提升的核心特征。简言之，无论是教师教育教学水平的提升，还是其个人综合素养的提升，都需要其进行深入的思维加工，并进行及时的反思与总结。

---

① 张泊平、王晓静、吴国玺：《新时期教师核心素养：内涵、框架与培育路径》，载《高教学刊》，2022(36)。

② 章勤琼、程巧红：《"知情意行"教师专业素养结构及提升策略》，载《集美大学学报》，2023(3)。

③ 李政涛：《判断教师思维品质的八个基本维度》，载《中小学管理》，2021(9)。

④ 李庆安、吴国宏：《聚焦思维结构的智力理论——林崇德的智力理论述评》，载《心理科学》，2006(1)。

⑤ 李政涛：《判断教师思维品质的八个基本维度》，载《中小学管理》，2021(9)。

⑥ 杨信礼：《思维、思维方式与当代中国思维方式的建构》，载《马克思主义哲学》，2022(5)。

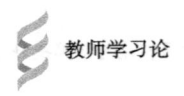

6. 创新素养

党的二十大报告明确提出："必须坚持科技是第一生产力、人才是第一资源、创新是第一动力，深入实施科教兴国战略、人才强国战略、创新驱动发展战略，开辟发展新领域新赛道，不断塑造发展新动能新优势。"①教育、科技、人才作为全面建设社会主义现代化国家的基础性、战略性支撑，教育居首位。教育要创新，关键在教师。因为只有具备创新素养的教师，才能够探索实施创新性的教育教学，也才能够培养出有创新能力的学生。因此，在教师的核心素养中，创新素养必不可少。关于创新素养的研究，学术界也有不同的认识，有人认为，一个具有创新素养的个体，能够利用相关信息和资源，产生新颖且有价值的观点、方案、产品等成果，其要素包括创新人格、创新思维和创新实践。② 还有研究者从核心素养的角度对创新素养做了研究，认为"核心素养视域下的创新素养是创新知识、创新思维、创新态度或品格等多方面的综合表现，它涵盖创新品格和创新能力两大方面。其中，创新品格指的是个体在创新过程中表现出来的人格品质和道德品质，包括创新人格（也即创造性人格）、创新道德素养（价值观）等。创新能力是指个体在已有的知识、经验和实践基础上，产生新颖且有价值的产品的心理特征，既包括传统上人们所重视的发散思维，也包括批判性思维和聚合思维"③。学界的研究虽然在概念界定上各有侧重，但在构成因素上还是有许多共性的，概括起来，我们可以从创新人格、创新思维、创新能力、创新实践方面来衡量教师的创新素养。

教师核心素养的六个方面应该是一个教师一生的追求，需要教师做到持续性的学习转化。当然，在这个过程中，教师学习能否有效转化为其核心素养，还受多种因素的影响，其中既有教师自身因素的影响，也有外部环境等因素的影响。这样一个复杂的转化关系，我们可以用"教师学习转化与核心素养结构图"（图 4-1）来表达。

---

① 《党的二十大文件汇编》，25~26 页，北京，党建读物出版社，2022。
② 甘秋玲、白新文、刘坚等：《创新素养：21 世纪核心素养 5C 模型之三》，载《华东师范大学学报（教育科学版）》，2020(2)。
③ 师保国、刘霞、余发碧：《核心素养视域下的创新素养内涵及其落实》，载《课程·教材·教法》，2017(2)。

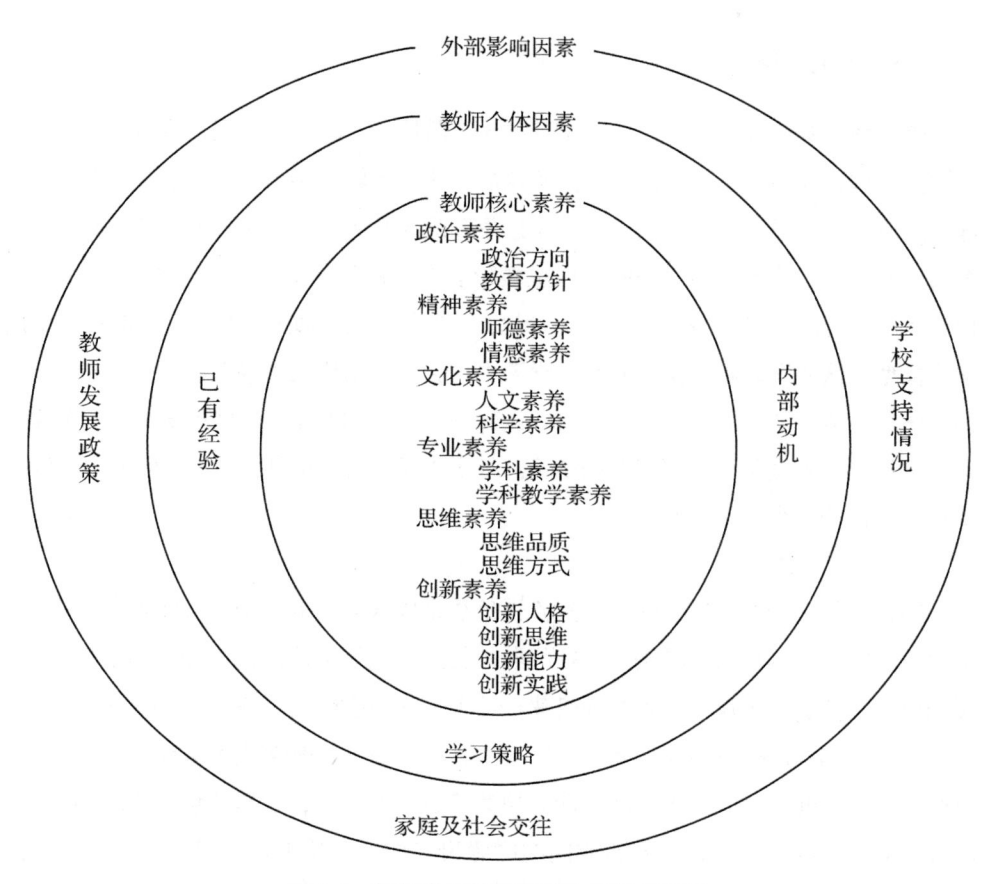

图 4-1 教师学习转化与核心素养结构图

三、教师学习转化的基本策略

教师学习如何转化为教师的核心素养，其策略可以从内部和外部两个方面来考虑：内部策略可称为自主策略，包括反思性策略、对话性策略、行动性策略；外部策略可称为促进策略，重点是建立教师成长的涵养环境。

（一）自主策略

麦基罗在其理论中提出了转化学习的十个阶段。[①] 这些阶段涵盖成人转化学习的完整过程，但并非每个人都严格按照这些阶段进行转化学习。其实，一个学习者需要经历哪些阶段，取决于其已有知识、思维品质及内在动力等多种因素。但无论个人情况如何，这十个阶段中的一些重要阶段个人应该是会经历的，如内在冲突、自我反省、行动计划、重新整合等。对此，本书作者在一项研究中做过问题体验的结构模型，认为学习者在基于问题的学习中，会发生这样五个环节的内在体验，分别是认知冲突、认知激活、认知期待、认知情感、认知需求。[②] 这项研究在一定意义上从不同的角度验证了麦基罗的结论。基于麦基罗等人的研究，我们可以形成教师学习转化的三个自主策略。

1. 反思性策略

转化学习理论的研究者认为，批判性反思是成人学习的一个显著特点，它质疑根深蒂固的假设的真实性和基于以往经验的信念。它经常使人们对冲突的思想、情感和行动的意识做出反应，有时会带来一个观点的转换。在有意义的观点转换中，有内容、过程、前提三种反思形式。[③] 其中，内容反思是对实际经验本身的反思，过程反思是对处理经验的方式即问题解决策略进行的思考，前提反思包括对那些久已有之的、社会建构的有关经验或问题的假设、信念和价值的检验。[④] 这便是说，教师学习转化中的反思具有两个方面的重要意义：一是修正与优化，即对学习的过程、方法及一些已有经验进行适时的调整，使之更加符合当前的学习要求；二是解构与重构，根据新学习的内容与方法对原有的观念、经验及方式等进行批判性的解析，通过同化与顺应的方式进行重新构建，形成新的观念、经验与方法。反思性策略在教师学习中，可以使前述的六大核心素养始终处于开放状态，使之在不断的修

[①] [美]杰克·麦基罗、爱德华·W. 泰勒等：《成人教育实践中的转换性学习——来自社区、工作现场和高等教育的顿悟》，陈静、冯志鹏译，16页，北京，北京师范大学出版社，2016。
[②] 汤丰林：《问题体验论》，62页，北京，首都师范大学出版社，2010。
[③] [美]杰克·麦基罗、爱德华·W. 泰勒等：《成人教育实践中的转换性学习——来自社区、工作现场和高等教育的顿悟》，陈静、冯志鹏译，7页，北京，北京师范大学出版社，2016。
[④] [美]雪伦·B. 梅里安、罗斯玛丽·S. 凯弗瑞拉：《成人学习的综合研究与实践指导》第2版，黄健、张永、魏光丽译，298~299页，北京，中国人民大学出版社，2011。

正与优化、解构与重构中得到丰富与完善。

2. 对话性策略

对话在西方哲学中占据着十分重要的地位，或许原因就在于苏格拉底的诘问法所奠定的坚实基础。后续的许多哲学家都很重视"对话"，也做出了许多有益的贡献，直到"布伯以关系思维、对话思维使对话哲学重跻哲学之林，伽达默尔坚持理解即对话的解释学诉求，使得现代解释学远离了传统解释学所钟情的基础主义与中心主义，而哈贝马斯则实现了对话哲学独特的语用学建构"[1]。麦基罗借鉴哈贝马斯的"对话"概念，强调了对话在成人转化学习中的重要意义。他认为对话就是努力摒弃偏见、成见和个人利害关系，尽可能开放性地、客观地陈述和评估理由，并对那些支持或反对有争议的观点的证据和主张做出评论，最终达成共识的过程。[2] 在教师学习中，对话的方式多种多样，有一对一的对话，也有一对多的对话；有正式的对话，也有非正式的对话；有面对面的对话，也有通过各种网络媒介的对话。但无论什么样的对话方式，它们都不同于一般意义上的闲聊，而应该是具有如下特点的专业对话：一是主题性，即对话的内容要有清晰的指向，可以是共同关心的实践问题，也可以是教育教学改革中的特定话题，还可以是某个学术概念等，总之，对话要有焦点；二是反思性，对话中的反思，可以是批判性反思，也可以是建设性反思，其目的都是通过这样的对话进一步澄清问题，找到问题破解的思路；三是协商性，即对话不是吵架，也不是争论出高低，而是通过协商式对话，明晰问题的本质，探索教育教学现象的本质。

3. 行动性策略

行动是麦基罗转化学习的一个基本的、不可或缺的环节。同理，教师学习转化也离不开行动，因为没有了行动的转化永远都是空洞的理论或空泛的想法。这也就是马克思那句名言的意蕴，"一个行动胜过一打纲领"。教师学习转化可以采用这样一些行动策略。一是研究，即通过研究深化学习，可以是规范的科学研究，也可以是针对实践问题的行动研究。无论哪种方式的研究，教师都应该熟练掌握发现问

---

[1] 胡军良：《现代西方哲学的"对话"之维：从布伯、伽达默尔到哈贝马斯》，载《浙江社会科学》，2016(11)。

[2] [美]雪伦·B. 梅里安、罗斯玛丽·S. 凯弗瑞拉：《成人学习的综合研究与实践指导》第 2 版，黄健、张永、魏光丽译，293 页，北京，中国人民大学出版社，2011。

题、提出问题、提出假设、验证假设的研究思路与方法，以使自己的研究更具科学性。二是改进，即通过研究和学习，有效运用相关成果，使自己的教育教学得到不断的改进与升级，以不断提升教育教学的效能。三是创新，即学习研究的成果除了用于改进教育教学，还应该立足于创新创造，教育教学实验能形成有效破解教改难点问题的策略，甚至能够产生引领教育综合改革的一些新的方案或样态。

（二）促进策略

促进策略的重点是如何为教师学习转化营造良好的环境和氛围。这就涉及我们对教师培训发展历程的反思。从培训自身而言，培训经历了从工作走向学术、从经验走向理论的过程，同时也经历了培训者角色和培训方式的转变。这些转变实质上是培训的迭代升级的发展过程。我们将这个过程概括为：从以培训者为主导的培训形态，发展到由培训者和被培训者构成学习共同体的研修形态，再升级到培训者与被培训者众筹学习的涵养形态。我们可以将"涵养"作为新的发展阶段中教师学习转化的重要促进策略。这个策略有三个显著的特点。

1. 众筹

"众筹"是近年来流行的一个经济学概念，我们将其引入教师培训领域来表达今天的培训与过去培训的不同，即在我们所讲的涵养形态中，众筹是一个很重要的特征。我们认为，教师培训的涵养形态以特定培训项目为平台，培训者和被培训者共同参与，双方均作为培训的贡献者和推动者，从方案设计、课程设置、组织实施、成果形成、效果评价等全过程形成共研、共建、共生、共享的机制，课程与活动充分体现动态生成和自主管理，成果体现创新与原创，最终培训者和被培训者都在涵养中得到成长与发展。这样一种新的培训形态，需要体现四个方面的转变：一是角色转变，培训者与被培训者都是智慧众筹的主体，都需要作为成人学习者，在项目的设计与实施中发挥自己的独立性、经验性、自主性和实践性，双方都是培训实施的贡献者和推动者；二是行为转变，主要体现在培训者与被培训者双方的主动参与、积极分享和自觉总结上，大家都从自己的实践视角和专业角度对项目进行不断的反思与总结，提炼出助力自己教育教学工作的经验与规律；三是机制转变，主要体现在项目的管理运行与实施方式的转变上，双方都是项目的主体，其中培训者重在推动智慧众筹，被培训者则重在积极贡献智慧；四是评价转变，培训者与被培训者在项目实施的全过程，都既是评价的主体，也是评价的客体，都能够积极参与、有效贡献、自觉生成、主动转化。

2. 生成性

生成性是教师培训涵养形态的内在特征，也是我们把涵养称为形态而非模式的主要原因。因为涵养可以在任意模式中得到体现，也可以伴随着任何一种模式而产生作用，体现为教师培训课程与任务的动态性。它要求培训坚持问题导向和实践导向，并根据教育改革发展形势的变化和学习者成长变化的需要，对培训课程和相关学习研究活动进行必要的调整和动态优化。同时，由于培训双方都是具有系统知识和经验的独立个体，统一的课程不能很好地解决每位教师学习的需要，因此，培训课程和相关学习研究活动要充分体现出教师学习的能动性，以更好地满足教师在培训中的个性化学习需要。

3. 自主性

研究认为，学习者在学习情境中能否表现出自主行为，受四个因素的影响，分别是与学习过程相关的专门技能、对题材的熟悉程度、作为学习者的个人胜任感、恰当的学习投入。[1] 应该说，作为成人学习者的教师都具备这些特征，并且还因为教师在学习中的独立性、自主性、自觉性等特征，其学习会更多受到内部动机的驱动。教师在培训场景中的学习自主性可以从三个方面得到体现：一是自主学习，将自主阅读、自主导读、自主写读书笔记或读书体会紧密结合起来，达到通过阅读形成自己的认识、优化自己的知识体系等的目的；二是自主研究，积极推动参训教师围绕主题或自己的相关实践问题开展研究，并形成自主学习与研究的"一人一案"，以充分实现个性化成长；三是自主管理，这跟培训者与被培训者的角色转变直接相关，要求双方在培训过程中不是服务与被服务的关系，而是要共同协商、共同管理，培训者发挥引导与条件支持作用，参训者全程参与管理，共同形成有序的协商合作的自主管理机制。

---

[1] [美]雪伦·B. 梅里安、罗斯玛丽·S. 凯弗瑞拉：《成人学习的综合研究与实践指导》第2版，黄健、张永、魏光丽译，284页，北京，中国人民大学出版社，2011。

第二节 教师学习转化的理论视角

教师的学习转化问题，既是从培训角度促进教师学习所必须研究的问题，也是教师学习的核心目标，因为正如前所述，只有实现了学习转化，教师的学习才是有意义的。但这个问题的研究不是前无古人的工作，而是建立在丰富的理论基础之上的。

一、转化学习理论及其核心要义

（一）转化学习的内涵

转化学习的研究起步于20世纪70年代，是非常有影响力的成人学习理论之一。美国成人教育研究者麦基罗是该理论的代表性学者之一。转化学习理论在建构主义学习理论基础上，受到了德国社会学家哈贝马斯的社会学理论和巴西教育家弗莱雷（Freire）的解放理论的影响。

关于转化学习的定义，学者有不同观点。麦基罗认为转化学习是使用先前的解释，分析一个新的或者修订某一经验意义上的解释并将它作为未来行动向导的过程；克拉克（Clark）认为，转化学习是学习结果促使学习者产生影响未来经验的重大改变的历程；科瑞森（Crantion）认为，转化学习是一个人必须不断地透过对自己既存的假设、信念和价值质疑，才能有真正的改变，批判思考是转化学习的核心过程。[1][2] 弗莱雷认为，转化学习是"一种解放教育，他从社会角度出发，通过对话与提问的方式，使学习者发现现实生活的真实，形成对周围世界的全新认识，从而

---

[1] 郭燕燕：《国外成人转化学习理论研究的回顾与展望》，载《河北大学成人教育学院学报》，2011(2)。
[2] 庄文、伊伶：《成人转化学习理论研究概述》，载《高等函授学报（哲学社会科学版）》，2009(3)。

影响到人们的思维与行动,以改造社会"①。可见,学者认为,转化学习的本质是通过某种方式和途径检视、质疑和修正原有的世界观、人生观或价值观,以适应新情境,学习新经验。② 换言之,成人有自己的一套相对稳定、成熟的世界观、价值观和行为模式。转化学习不仅是成人知识和技能的增加,而且是可以在一定程度上促进成人信念的转变并进一步实现态度与行为的改变。

(二)转化学习的核心要素

麦基罗强调,成人学习与儿童学习不同,成人转化学习的目的就是要改变原有的观点、信念和行动方式,其发生需要一定的内在条件和外部条件。前者包括个体的性别、年龄和自主性等条件,后者包括社会、学校等综合因素。③ 转化学习的核心要素包括个体经验、意义结构、扭曲的意义观点、批判性反思、理性对话。④ 具体来说,个体经验是转化学习的来源,指的是学习者的先验经验和学习经验。丰富的先验经验可以为成人参与学习创造条件。意义结构是指个体诠释和评价经验的依据,包括意义观点和意义体系。意义观点包括认识论观(关于知识的认知,影响思维方式和学习方式与风格的认知),社会语言观(对社会规范、社会角色、文化等的认识),心理观(对自己的认识,包括自我概念、自我需求等)。意义体系是知识、信念、情感、价值等微观元素。扭曲的意义观点是指未被怀疑、检验的潜意识假设,是一种错误的学习方式,会阻碍或限制成人的学习与成长。扭曲的意义观点包括认识论观的扭曲意义观点、社会语言观的扭曲意义观点、心理观的扭曲意义观点。对扭曲意义观点的纠正是转化学习发生的关键。⑤⑥ 批判性反思是转化学习实现的关键。批判是"对事物的优点或不足之处做出判断,提出疑问、进行推理、分析和评论,富有洞察力、辨别力,敏锐的回顾性思索";反思是"心灵内部活动的知觉"。⑦ 批判性反思是指"对于我们所努力诠释的及赋予意义的某一经验的内容、

---

① 王秀雅:《转化学习的理论与实践研究》,硕士学位论文,四川师范大学,2010。
② 王秀雅:《转化学习的理论与实践研究》,硕士学位论文,四川师范大学,2010。
③ 张琳:《美国转化学习理论研究》,硕士学位论文,河北大学,2015。
④ 唐莉蓉:《美国成人转化学习理论发展研究》,硕士学位论文,西南大学,2015。
⑤ 唐莉蓉:《美国成人转化学习理论发展研究》,硕士学位论文,西南大学,2015。
⑥ 王秀雅:《转化学习的理论与实践研究》,硕士学位论文,四川师范大学,2010。
⑦ 王秀雅:《转化学习的理论与实践研究》,硕士学位论文,四川师范大学,2010。

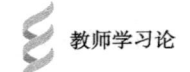

过程或是前提予以批判性评估的过程"①。实现转化学习,不能缺少批判性反思的过程。教师在参加培训或与同事合作学习中,恰恰需要这种批判性反思。成人判断事物往往依存于既有经验,批判性反思有助于个体意识觉醒。正如弗莱雷所强调的"真正有价值的经验是在个体对经验进行反思之后的智力发展,有效的学习来自有效的反思而非积极的经验",而批判性反思需要自觉、批判和转化的过程,当觉察到现有经验不足以解释现实时,个体通过自居、批判和转化的过程进行经验重构。② 理性对话既是学习发生的基础,也是批判性反思的源泉。通过与自己或他人的对话,个体可以进行批判性反思。理性对话需要双方有信任关系,双方可以进行开放式、包容性的对话,而不是没有信任基础的高压或欺骗式的对话。③

转化学习的类型包括工具性学习、沟通性学习、解放性学习。工具性学习是以问题解决为导向的学习。沟通性学习是以理解他人或表达自己为导向的学习,强调在沟通中能够理解对方的情感、意图、价值等。解放性学习是以批判性反思为抓手,以超越自我为导向的学习,是一种元认知能力的提升,目的在于打破固有思维,形成新的思维方式与行为方式。④⑤

(三)转化学习的过程

研究者对转化学习发生的过程有很多探讨,总结了不同的转化学习的阶段,并进行了理论探讨。麦基罗认为转化学习分为四个水平、十个阶段:首先是迷惘困境,对应的阶段是遭遇到一个迷惘困境;其次是批判性反思,对应两个阶段,包括进行带有恐惧、气愤、内疚或羞耻感的自我检验,以及对假设进行批判性评估;再次是反思性交流,包括两个阶段,即认识到自己的不满及转化过程可以和他人分享与剖析,以及为新的角色、关系和行动探索供选方案;最后是行动,有五个阶段,分别是规划行动方针,为实施计划获取知识与技能,临时尝试新的角色,在新角色

---

① 唐莉蓉:《美国成人转化学习理论发展研究》,硕士学位论文,西南大学,2015。
② 姜宁、陈秋萍、雷丽珍:《转化学习理论视角下的名师工作室教师学习发生机制研究》,载《中国教师》,2022(1)。
③ 王秀雅:《转化学习的理论与实践研究》,硕士学位论文,四川师范大学,2010。
④ 王秀雅:《转化学习的理论与实践研究》,硕士学位论文,四川师范大学,2010。
⑤ 刘奉越:《转化学习理论及其对成人教师专业发展的启示》,载《河北大学成人教育学院学报》,2012(2)。

与关系中提升能力与建立自信，在新观点的支撑下重新融入生活。① 泰勒（Taylor）认为转化学习分为三个水平、六个阶段。首先是产生意识水平，包括触发事件、面对现实；其次是转化意识水平，包括达到临界点、超越性转变；最后是综合意识，包括个体承诺和基础性发展阶段。科瑞森认为转化学习包括好奇、混淆、检验、退缩、探索与反省、转向其他人、重新燃起的兴趣与兴奋、重新定位、均衡以及支持等阶段，并且转化学习需要一定刺激的实践或情境、反思与探索，以及重新整合、定向与均衡。布鲁克菲尔德（Brookfeild）认为转化学习包括五个阶段，分别是触发事件、评价阶段、探索阶段、发展替代观点阶段、整合阶段。②

国内学者对教师转化学习的阶段也有不同论述。例如，汤杰英综合已有研究总结教师转化学习，将它分为四个阶段，分别是原经验的调动、评判性的反思、交互式的对话和新实践的出现。③ 殷蕾认为麦基罗转化学习的十个阶段不一定全部按照顺序发生，教师转化学习可以概括为四个阶段：职业中的困惑、批判性反思、理性的对话、付诸实践。职业中面临的困境或困惑是转化学习开始的诱因；批判性反思是已有经验体系与新认知产生差异碰撞的过程，经过对新旧认知的批判性思考，教师会产生观点或认知的改变；理性的对话是转化学习的催化剂，通过理性的交流和对话，教师打破思维困境并获得新观点或新认知；付诸实践是教师将所得到的新观点、新认知应用于实践中并进行检验，是转化学习成果的"试金石"。④

表4-1汇总了学者对转化学习过程的不同观点。可以看出，虽然大家对转化学习过程有不同认识，但是其中存在很多共同的看法。首先，触发事件和迷惘困境在学习者转化学习中是非常重要的。只有当触发事件发生，使得学习者面对实践中的迷惘困境，需要对其现有的意识结构进行反思和重构时，转化学习才有可能发生。换句话说，迷惘困境是能够触发学习者世界观、人生观和价值观转变的情境。其次，批判性反思很重要。面对迷惘困境，学习者如果没有批判性反思的意识和能力，就不可能超越自我，实现意识结构重构。最后，与他人的互动交流很重要。虽然转向学习在一定程度上需要自我对话，但是在社会情境中，与他人的对话和交

---

① 陶伟、顾佩娅：《国外教师转化性学习研究述评》，载《外国教育研究》，2015（1）。
② 唐莉蓉：《美国成人转化学习理论发展研究》，硕士学位论文，西南大学，2015。
③ 汤杰英：《成人质变学习理论视域下的学前教师培训》，载《上海教育科研》，2019(5)。
④ 殷蕾：《转化学习理论视角下教师培训的困境与出路》，载《中国教育学刊》，2018(10)。

流,也是十分重要的。

表 4-1 转化学习过程的不同观点

研究者	转化学习阶段
麦基罗	(1)迷惘困境:①遭遇到一个迷惘困境 (2)批判性反思:②进行带有恐惧、气愤、内疚或羞耻感的自我检验;③对假设进行批判性评估 (3)反思性交流:④认识到自己的不满及转化过程可以和他人分享与剖析;⑤为新的角色、关系和行动探索供选方案 (4)行动:⑥规划行动方针;⑦为实施计划获取知识与技能;⑧临时尝试新的角色;⑨在新角色与关系中提升能力与建立自信;⑩在新观点的支撑下重新融入生活
泰勒	(1)产生意识水平:①触发事件;②面对现实 (2)转化意识水平:③达到临界点;④超越性转变 (3)综合意识:⑤个体承诺;⑥基础性发展阶段
科瑞森	好奇、混淆、检验、退缩、探索与反省、转向其他人、重新燃起的兴趣与兴奋、重新定位、均衡以及支持
布鲁克菲尔德	触发事件、评价阶段、探索阶段、发展替代观点阶段、整合阶段
汤杰英	原经验的调动、评判性的反思、交互式的对话、新实践的出现
殷蕾	职业中的困惑、批判性反思、理性的对话、付诸实践

(四)转化学习的影响因素

关于转化学习的影响因素,相关实证研究并不多。总体来看,转化学习受教师个体和环境因素影响。个体因素主要是性格特质、反思意识、已有经验等。环境因素,最主要的是有能够触动教师进行批判性反思的迷惘事件,这些事件需要与教师实践相关、有助于教师批判性反思、能强化教师互动。[1]

总之,转化学习拓展了成人学习的理论研究。转化学习最核心的要义在于它没有将成人学习仅仅局限于知识和技能的获得,而是拓展到了成人的意识层,关注成人看待世界、看待他人以及看待自己的观念转变。当人的意识转变了,其思维方式

---

[1] 陶伟、顾佩娅:《国外教师转化性学习研究述评》,载《外国教育研究》,2015(1)。

和行为方式也自然而然会发生转变。这对教师学习来说是至关重要的。在教育变革的背景下，教师只有调整原来不适应教育变革的观念，才能重新建立适应新时代的教育观，摆脱原有观念的束缚，成为新时代的主动学习者。

二、教师改变理论及其结构

教师改变(teacher change)理论为教师学习转化提供了另一个理论视角。复杂的教育改革要求教师持续学习，而教师改变既是教师学习的过程，也是教师学习的结果。

(一)教师改变的内涵

关于教师改变的内涵，学术界并没有一致的定义。刘义兵和郑志辉认为，教师改变是"在课程实施中，为了使教师专业水平得到提升进而达到提高教师课程实施能力的目的，变革的决策者与促进者对教师改变的条件、维度、过程、模式及评价等方面施加一定影响的过程"[1]。这一观点强调外部力量在教师改变中的作用。尹弘飚和李子建认为，教师改变"泛指教师在日常专业实践中发生的各种变化"，尤其关注课程变革中的教师改变。[2] 还有研究者认为，教师改变是"教师在课程改革或日常专业实践中发生的各种变化，包括教师外显的行为变化和内隐的心理变化"[3]。这一观点既关注教师改变的外部力量(改变的被动性)，也关注教师改变的内部力量(改变的自主性)。

关于教师改变的类型。有学者认为，教师改变可以分为培训中的改变、适应中的改变、个人发展中的改变、地方改革中的改变、系统重组中的改变、成长或学习中的改变。[4] 还有研究者认为，教师改变分为外部发起的指令性改变和教师自己发起的自愿性改变。[5] 总体来看，随着教师改变研究的深入，学者普遍认为教师改

---

[1] 刘义兵、郑志辉：《促进教师改变的思维范式转向》，载《中国教育学刊》，2009(7)。
[2] 尹弘飚、李子建：《论课程改革中的教师改变》，载《教育研究》，2007(3)。
[3] 靳玉乐、尹弘飚：《课程改革中教师的适应性探讨》，载《全球教育展望》，2008(9)。
[4] 刘梦婷、周钧、韩海英：《西方关于教师改变的研究述评》，载《当代教育科学》，2019(12)。
[5] V. Richardson, "How teachers change: What will lead to change that most benefits student learning?" *Focus on Basics*, 1998, 2(C).

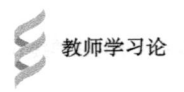

兼具被动性与主动性，具有多元复杂性。

（二）教师改变的维度

教师改变是多维度的。富兰（Fullan）认为教师改变包括课程材料、教学实践以及教师对改革的信念与理解三个维度，其中，第一个维度是教师改变的物化表现，第二个维度是行为层面的改变，第三个维度是心理层面的改变。① 在此基础上，尹弘飚和李子建进一步认为，教师改变包括三个方面，分别是：①材料与活动的改变，指教师使用新的、修正过的教材与活动；②教师行为的改变，指教师使用新的教学方式和策略，指教学实践的改变；③教师的心理变化，指教师认知、情感和意动方面的心理变化，通常包括信念、情绪、动机和态度等因素在内的改变。当这三个维度都发生显著改变，尤其是第三个维度发生变化时，真正的教师改变就产生了。② 古斯克（Guskey）认为，教师改变主要体现在三个方面，分别是教师课堂实践的改变、教师信念和态度的改变、学生学习成就的改变。③ 总体来看，大家的研究基本体现为物化改变、行为改变和心理改变。而在这三个方面的改变中，教师信念具有更加重要的意义。

（三）教师信念的改变

信念是个体对于有关自然和社会的某种理论观点、思想见解的坚信不疑的看法，是人们认识世界和改造世界的精神支柱，是从事一切活动的激励力量。个体的世界观、人生观、价值观和道德观等，都是由信念所组成的一定的体系，决定着人的心理和行为。④ 有研究者认为，信念的形成会经历三个阶段，分别是无意识阶段、信念的具体化和准反思阶段、信念的个体哲学化阶段。⑤ 可见，教师信念是教师行为背后的内隐意识，教师信念的改变是教师学习转化的终极目标。

关于教师信念的内涵，学者并没有一致意见。俞国良和辛自强认为，教师信念

---

① 尹弘飚、李子建：《论课程改革中的教师改变》，载《教育研究》，2007(3)。
② 尹弘飚、李子建：《论课程改革中的教师改变》，载《教育研究》，2007(3)。
③ 周成海：《论教师改变的过程及其促进》，载《教育科学》，2017(2)。
④ 俞国良、辛自强：《教师信念及其对教师培养的意义》，载《教育研究》，2000(5)。
⑤ 谢翌、马云鹏：《教师信念的形成与变革》，载《比较教育研究》，2007(6)。

是指教师对有关教与学现象的某种理论、观点和见解的判断，影响着教育实践和学生的身心发展。[1] 谢翌和马云鹏认为，教师信念既包括教师对教学方面的信念，也包括教师关于教育整体活动的信念。教师教育信念是教师从学生时期就开始积存和发展的，个体信以为真的、以个人逻辑和心理重要性（中心—边缘）为原则组织起来的信息库，是教师实践活动的参照框架。[2]国外学者对教师信念也有不同看法。比如，波特（Porter）和弗里曼（Freeman）认为，教师信念包括教师对学生和学习过程的信念、对学校在社会中的作用的信念、对教师自身的信念、对课程和教学法的信念；塔巴什尼克（Tabachnick）和蔡克纳（Zeichner）认为，信念是"一种行动倾向"，是教师对其工作的信念和教师通过课堂行为赋予这些信念意义的方式。[3] 帕哈雷斯（Pajares）认为，教师信念包括对学习者和学习的信念、对教学的信念、对学科的信念、对学习教学的信念、对自我和教学角色的信念。[4]

综合学者对教师信念的定义，大家比较一致地认为，教师信念具有如下四个核心特征：①教师信念本身是一个系统，并处于教师个体信念系统中的某一个层次。②教师信念是以"中心—边缘"的方式组织的，越靠近中心的教师信念越难改变。③中心的教师信念发生改变会导致整个教师信念的变化。边缘的教师信念日积月累的变化也能导致中心信念的变化，进而转变整个教师信念系统。④有些教师信念能意识到，且能用语言有效表达，而有些则相反。[5]

教师信念是教师个体长期积累形成的且具有内隐性，通常不容易改变。[6] 但是教师学习的目的就在于想要改变教师的信念。关于教师信念是否可以改变，已有研究也有不同发现。比如，有研究发现，职前教师固有的教师信念可以通过专业课程发生改变，但是当进入学校场域后，其信念又回到原来的状态。[7] 另外也有研究发现，尽管教师在培训项目中会采取所学的教学策略，但是其深层次的教学信念的改

---

[1] 俞国良、辛自强：《教师信念及其对教师培养的意义》，载《教育研究》，2000(5)。
[2] 谢翌、马云鹏：《教师信念的形成与变革》，载《比较教育研究》，2007(6)。
[3] 冯典、陈怡：《"教师信念"的历史内涵与时代意蕴：基于学术概念史的考察》，载《江汉大学学报(社会科学版)》，2023(1)。
[4] 朱旭东：《教师专业发展理论研究》，4页，北京，北京师范大学出版社，2011。
[5] 林一钢：《教师信念研究述评》，载《浙江师范大学学报(社会科学版)》，2008(3)。
[6] 朱旭东：《教师专业发展理论研究》，22页，北京，北京师范大学出版社，2011。
[7] 林一钢：《教师信念研究述评》，载《浙江师范大学学报(社会科学版)》，2008(3)。

变需要长期的培训支持。① 还有研究者认为，教师信念是否改变取决于如何理解教师信念，研究者和实践者应该更多关注哪些因素会影响教师信念的改变。②

关于如何影响教师信念的改变，学者也有不同探索。勒曼认为，教师信念改变受实践活动影响，包括与同事共同投入，个人目标与可见性情境的冲突，大学导师在塑造与所倡导的理念相一致的有效实践中的作用，采用革新性的课程材料，课堂支持，参与在职培训，提高学位或参与研究项目。③ 又如前文所述，教师改变的代表性学者古斯克认为，学生学习改变的积极结果影响教师信念的改变。谢翌和马云鹏认为，教师信念改变主要受五个方面因素的影响，包括先前的信念与认知冲突、情感、信念强度、学校文化、学校同事。

简言之，教师信念影响教师的教学实践，是教师的"灵魂"。同时，教师信念是复杂的、内隐的、长期积累形成的，其改变并不是一蹴而就的。

(四)教师改变的过程

教师改变是一个持续的复杂过程。研究者对教师改变过程的理解是一个日益丰富的变化过程，从对教师改变过程理解的单次化、简单化、线性化、表面化逐渐转变为认可教师改变的过程性、复杂性、非线性化和多元性。

国内外学者对教师改变的过程都有不同的观点。国外学者布里奇斯(Bridges)与米切尔(Mitchell)认为，教师改变的过程可以分为忍痛割爱期、冲击适应期、专业再生期。忍痛割爱期是指教师为了适应变革要求或者自身发展，与过去习惯的教学态度和实践模式告别。冲击适应期是教师脱离了过去习惯的教学态度与实践，开始面对各种改变带来的不确定性和现实困惑。前两个阶段属于教师的表层改变。专业再生期才是教师的真正变革，使教师进入了专业发展的新阶段。④ 古斯克认为，教师改变的过程是教师先在班级教学实践中进行试验，当看到新方法带来学生学习结果改变的时候，教师信念与态度会发生改变。⑤ 彭宁顿(Pennington)认为，教师

---

① 朱旭东：《教师专业发展理论研究》，22页，北京，北京师范大学出版社，2011。
② 林一钢：《教师信念研究述评》，载《浙江师范大学学报(社会科学版)》，2008(3)。
③ 谢翌、马云鹏：《教师信念的形成与变革》，载《比较教育研究》，2007(6)。
④ 赵英：《教师改变：一个亟待拓展的教师教育理论范畴》，载《教育学术月刊》，2013(8)。
⑤ T. R. Guskey, "Staff development and the process of teacher change," *Educational Researcher*, 1986(5).

改变是程序改变、人际改变和观念改变的循环上升过程；程序改变是知识和技能的更新，人际改变是教师角色的调整以及教师社会关系的重建，观念改变是教师对教育教学最深层次的理解。[1] 国内有学者将教师改变总结为渐进性改变和根本性改变。前者是指教师以提高教学效率为目的，在日常教学实践中的有限调整；后者是指教师对既有教育信念和观念的重构与改变。[2][3]

关于教师改变过程，学者的主要争议点在于行为与信念之间的关系。一部分学者认为教师行为改变先于观念的改变，所谓"观念先行"，认为只有当教师信念改变之后，教师行为才会改变。另一部分学者认为教师观念改变先于教师行为的改变，所谓"行为先行"，认为当教师在行为试错的过程中，通过学生学习结果的改变所带来的真相反馈，逐渐增强信心，进而发生教育教学信念的改变。随着争议的不断深入，第三类观点逐渐产生，即行为改变和观念改变是相互影响、动态变化的。执著于两者谁先谁后，本质上是将教师改变过程简单化和线性化了。教师改变过程不是按照线性顺序进行的，而是非线性的复杂过程。[4][5][6] 比如，弗雷德（Fred）提出教师改变的"洋葱头"模型，认为教师改变涉及环境、行为、能力、信念、身份和使命，六个维度由内而外、由外而内地相互影响。[7]

概言之，教师改变既是教师学习的过程也是教师学习的结果，还是教师学习转化的最终目标。教师改变理论为我们理解教师学习转化提供了理论基础。

三、教师的知识迁移与知识转化

（一）教师的知识迁移

知识的迁移是教师学习转化的重要内容之一。教师在实际教学工作中面临大量

---

[1] 周成海：《论教师改变的过程及其促进》，载《教育科学》，2017（2）。
[2] 操太圣、卢乃桂：《伙伴协作与教师赋权——教师专业发展新视角》，5~7页，北京，教育科学出版社，2007。
[3] 尹弘飚、李子建：《论课程改革中的教师改变》，载《教育研究》，2007（3）。
[4] 尹弘飚、李子建：《论课程改革中的教师改变》，载《教育研究》，2007（3）。
[5] 赵英：《教师改变：一个亟待拓展的教师教育理论范畴》，载《教育学术月刊》，2013（8）。
[6] 马效义：《教师改变的理论研究：回顾与思考》，载《北京教育学院学报（社会科学版）》，2014（3）。
[7] 赵英：《教师改变：一个亟待拓展的教师教育理论范畴》，载《教育学术月刊》，2013（8）。

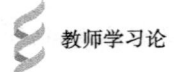

新的复杂问题的解决,这要求教师不断学习新的知识和技能,并灵活运用已有的知识或经验。因此,教师学习与教师培训应注重知识迁移的作用。

知识的迁移是将一个场景中所学习到的知识应用到其他新的情境中的过程。迁移并不是简单地模仿或照搬照抄,而是举一反三、触类旁通、由此及彼等灵活的、具有创造性的应用知识的现象,因此,知识的迁移涉及高阶思维过程,包括分析、评价、创造性思维等。已有的研究表明,迁移发生的前提条件是两个情境之间具有一定的相似性或共同点。①问题情境间的表面相似性越多,越容易促进迁移。例如,专家教师更容易将经验传授给同学科的新教师。但当问题间的深层结构不同时,其表面的相似性或共同点可能产生误导,导致不恰当的迁移;而当两个问题情境表面看起来缺乏相关性但具有相似的深层结构时,这类跨领域、跨情境的迁移在现实中也很难发生。例如,教师常常感到很难将在讲座中所学习的教育学、心理学原理的知识迁移到自己的实际教学工作中。因此,迁移需要学习者对知识和情境的内在逻辑关系有深入的理解,发现不同问题情境间共同的认知结构或关系,再推理已有的知识是否可以用于解决新的问题。

为了研究教师的知识迁移,研究者需要了解复杂问题解决中的迁移是如何发生的。当问题情境较为复杂时,迁移的发生也变得更加困难。霍利约克(Holyoak)与吉克(Gick)在20世纪80年代开始研究复杂问题解决,他们引用了一个经典的复杂问题情境用于检验大学生的推理能力:

> 一位病人的胃里有一个肿瘤,目前病人不适合开刀手术或服用药物,医生决定用一种射线进行治疗。高强度射线可以消灭肿瘤,但到达肿瘤前会破坏健康的人体组织。低强度射线不会伤害健康的人体组织,但也无法消灭肿瘤。请问如何解决这一问题?②

在这一问题情境中,目标是消灭肿瘤,限制条件是保护健康的人体组织。根据题目要求,答题者通常会给出几类答案,最常见的答案包括将射线设备通过食管送

---

① K. J. Holyoak, "The pragmatics of analogical transfer," *Psychology of Learning and Motivation*, 1985, 19.
② M. L. Gick and K. J. Holyoak, "Analogical problem solving," *Cognitive Psychology*, 1980(3).

入胃中进行辐射等,较为巧妙的解决方案是用几束较弱的射线从不同方向同时射向肿瘤,使射线在肿瘤位置达到高强度辐射。霍利约克与吉克等人尝试让大学生学习这种巧妙的解决方案的思路,他们根据射线问题内关键的因果关系,编制了一个新的问题情境:

> 有一个小国被一位暴君统治,他居住在一座坚固的城堡之中。城堡位于国家的中心,被农田和村庄包围,穿过乡村的许多道路通往这座城堡。一位起义的将军立誓要攻下这座城堡。将军知道他的全部军队发起进攻可以攻下城堡,他在通往城堡的一条路前集结了他的军队,准备进攻。但是将军接到情报,暴君已经在每条路上都埋设了地雷,这些地雷被设定为只允许小队人马通过,因为暴君自己的军队和工匠们也需要进出城堡,但是大军过境时会触发地雷。所以攻打城堡似乎是不可能完成的任务。
>
> 但是将军想到一个简单的办法,他把他的军队分成小队并将每个小队派往不同的道路。当一切准备就绪时,将军发出信号,每队士兵从不同的道路向城堡进军,最终整个军队同时到达城堡,通过这种方法,将军攻下城堡并推翻了暴君的统治。

上述这个将军攻打城堡的问题,与射线问题具有内在结构的相似性,可以总结**概括**为:当一个较强的力从一个方向施加向目标物受到限制时,把这个较强的力分散成多个较弱的力从不同方向同时施加向目标物,从而达到目的。霍利约克与吉克等人设想,大学生在学习了这个更容易理解的将军攻打城堡的故事之后,再面对射线问题时,可以将其中的解决方案迁移到射线问题中。但在实验中,他们发现当不提醒学生两个问题情境之间具有相似性时,只有少部分学生能够发现两个问题之间的关联并进行迁移。[1] 大学生从学习将军攻打城堡的故事到解决射线问题,中间间隔的时间越长,干扰的任务越多,迁移越不容易发生,而促进大学生对将军攻打城堡的故事进行深度加工,形成抽象的图式,可以显著促进迁移的发生。[2] 图式是指

---

[1] K. J. Holyoak, "The pragmatics of analogical transfer," *Psychology of Learning and Motivation*, 1985, 19.
[2] M. L. Gick and K. J. Holyoak, "Schema induction and analogical transfer," *Cognitive Psychology*, 1983(1).

个体的认知结构,是人们对同一类事物、事件或活动的结构性认识。图式的建构是人将所学习的大量个例抽象化,归纳出事物的共同关系结构的过程。①

霍利约克与吉克等人在实证研究的基础上,提出形成图式是知识迁移发生的关键。金特纳(Gentner)等人的研究也表明,人倾向于根据表面的特征在记忆中提取可用的、相似的知识,但人也可根据抽象的关系结构即图式进行知识检索与推理。一方面随着年龄增长,认知能力发展,经验增多,人根据图式进行知识迁移应用的比例会增加;另一方面,在解决复杂问题时,即使有经验的成年人可能也无法形成高质量的图式,阻碍知识的迁移,他们往往需要经过训练促进图式的建构,从而促进知识的迁移。②

如图4-2所示,霍利约克和金特纳等人认为,知识的迁移包括检索(retrieval)、映射(mapping)、产生推论等关键过程。检索是人在记忆中查找和提取可用的知识的过程。金特纳将检索过程分成两个阶段,在第一阶段,大量可能相似的知识被从长时记忆中唤起,这一阶段经常是自动进行的、无意识的过程,主要依靠表面相似性作为线索,因此也是不够智能的,提出的大量事件、情境有很多是无效的。第二阶段是在第一阶段提出的可能匹配的潜在"候选者"中,有意识地选取少量与当前问题情境相匹配的知识的过程,这一阶段就是根据结构信息进行映射的阶段。映射是将先前知识或经验与当前新知识或问题情境进行比较和推理的过程。在映射阶段,人对新旧情境中的关键信息,包括客体、表面特征与内在结构进行一一对应,以将军攻打城堡的故事与医生用射线治疗肿瘤的问题为例,在两个看似不相同的问题情境中,需要解决问题的将军与医生相对应,用军队攻打城堡与用射线治疗肿瘤相对应,军队无法通过周围埋有地雷的道路与射线不能杀伤周围健康的组织相对应,因此两个问题情境可以产生共同的关系结构,可采用以相同的思路制订解决方案的推论,从而发生知识迁移,将在一个领域或情境中学习到的知识应用到新的问题情境中去。

---

① [美]约翰·D.布兰思福特等:《人是如何学习的:大脑、心理、经验及学校》,程可拉、孙亚玲、王旭卿译,31~32页,上海,华东师范大学出版社,2013。
② D. Gentner, J. Loewenstein and L. Thompson, et al., "Reviving inert knowledge: Analogical abstraction supports relational retrieval of past events," *Cognitive Science*, 2009(8).

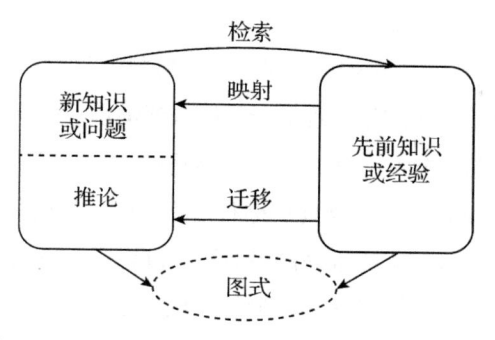

```
         检索
    ┌─────────────┐
    │    映射     │
┌───────┐      ┌───────┐
│新知识 │◄─────│先前知识│
│或问题 │      │或经验 │
│ ─────│      │       │
│ 推论  │◄─────│       │
└───────┘  迁移 └───────┘
        ╲         ╱
         ╲ 图式 ╱
```

图 4-2 知识迁移的过程①

教育心理学家斯滕伯格（Sternberg）认为，知识的迁移主要包含五个过程：第一个是编码（encoding），获取问题情境中的重要信息，对其主要项目特征进行编码；第二个是推断（inference），推出不同情境之间的关系；第三个是映射，通过工作记忆中储存的项目特征信息发现它们之间的对应关系；第四个是应用（application），根据推断出的关系选择最可能的答案；第五个是调整（justification），由于在一些情境中新问题与已有知识所包含的关系并不完全一致，因此需要根据情况调整并推断出它们之间的关系。斯滕伯格的研究讨论了三种类比推理的信息加工理论：一是包含推断、映射和应用成分；二是包含推断和应用但不包含映射；三是包含推断和映射。三种理论中不包含映射的理论表现出明显的缺陷，映射在不同理论中都是重要的参数。因此在这些成分当中，斯滕伯格认为映射具有重要的作用。②

金特纳的结构映射理论（structure-mapping theory）强调知识迁移的产生依赖于知识内在的结构关系而不是问题情境所属领域的特征或问题的字面特征。金特纳还强调了跨领域的知识迁移的重要性。被习得的知识形成心智模型（mental models），用于理解一个新的领域，例如，人们通过使用水流分流的类比来学习电流电路的知识。金特纳的理论的核心是抽象化（abstraction）过程，即抽取两个问题情境的结构共同性。同时，金特纳还指出评估的重要性，在映射过程中，由于两个情境的结构或特征有时候不能完全匹配，因此会存在一个进一步的加工过程，即通过改编一个

---

① M. L. Gick and K. J. Holyoak, "Schema induction and analogical transfer," *Cognitive Psychology*, 1983（1）.

② R. J. Sternberg, "Component processes in analogical reasoning," *Psychological Review*, 1977（4）.

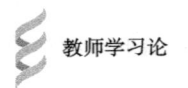

或两个特征的表征来提高匹配度。

霍利约克同意映射和对关系结构的归纳推理过程在知识迁移中具有重要作用,使人能跨领域抽取重要的图式用于理解新的问题或情境。但霍利约克认为逻辑推理过程不是知识迁移的唯一核心。在实验研究的基础上,他提出知识迁移的实用理论(the pragmatics of analogy),强调当前目标和上下文引导对迁移发生的作用。[1] 并且在此基础上,霍利约克提出类比推理的多重限制理论(multiconstraint theory)。[2]相比实用理论,多重限制理论强调了表面相似性、结构对应性和实用因素的相互作用,形成对迁移发生的多重限制。霍利约克的实验研究表明,迁移的发生,既受到认知因素的影响,也受到情感态度因素的影响。实验人员要求大学生在学习一些寓言故事之后评价时事或是回想相似的故事,霍利约克发现实验参与者更倾向于选择与自己的政治立场或情感态度相符的故事。因此,霍利约克认为在研究知识迁移的过程中,研究者需要考虑情感、态度、实用性方面的影响因素。

总结知识迁移的理论可以发现,教师的知识迁移需要经历抽象化和具体化两个过程。在抽象化阶段,教师需要将所学的知识进行深度加工,包括不同的课例、案例、前辈或同辈的经验传授等具体情境中的知识,形成自己的图式,从而促进跨情境的灵活应用。在具体化阶段,教师需要考虑所需解决问题的具体情境,将抽象的、概括的知识变为可具体操作和执行的步骤。教师不仅需要结合理论指导将在实践中得出的经验概念化,而且需要将理论与指导原则变成可操作或可观测的具体信息。因此,在教师的知识迁移中,具体化和抽象化两个过程不断循环进行。

为促进教师的知识迁移,培训者需要注重设置适当的问题难度与迁移的"跨度",寻找与界定教师的最近发展区,助力教师的专业发展与个人成长,为教师提供知识迁移的脚手架。提高问题情境之间的相似性可以显著促进知识的迁移。当两个问题情境同时具有表面相似性与结构相似性时,知识更容易被迁移。因此在教师培训中,培训者经常选择教师容易理解的、领域相近的案例。霍利约克等人在发现大学生难以把将军攻打城堡故事中的策略迁移到用射线治疗肿瘤的问题中之后,又

---

[1] K. J. Holyoak, "The pragmatics of analogical transfer," *Psychology of Learning and Motivation*, 1985, 19.

[2] K. J. Holyoak and P. R. Thagard, "Similarity and analogical reasoning: A computational model of analogical problem solving, " in S. Vosniadou and A. Ortony, *Similarity and analogical reasoning*, New York, Cambridge University Press, 1989, pp. 242-266.

编制了新的用激光修理灯泡的故事。如下文所示：

> 一所大学的物理实验需要使用一种昂贵、精密的小灯泡，灯丝纤细，灯泡完全密封，不可拆卸。由于研究人员忘记在实验结束后关闭灯泡，灯丝意外烧断。使用实验室的激光以高强度照射灯丝，可以把灯丝熔化并重新焊接在一起，但是，灯泡的玻璃很薄，十分脆弱，过强的激光照射会导致玻璃熔化破损，较弱的激光不会损坏玻璃但是无法熔化灯丝。实验室的研究人员用几台灯光激光机从不同方向同时照射灯丝断裂处，把灯丝熔化并重新焊接在一起。

虽然修理灯泡的故事与治疗肿瘤的故事仍属不同领域的问题，存在较大的语义距离，但是激光与射线的物理属性相似，更容易让人联想在一起。学习过激光修理灯泡故事的实验组在尝试解决用射线治疗肿瘤的问题时，进行解决策略迁移的比例显著提高。[①] 进一步的研究表明，逐渐增大问题情境之间的差异和跨度，可以促进问题解决者逐步总结出规律或形成共同结构的图式，从而进行更灵活的迁移。

问题解决者的个体差异也会影响知识的迁移。已有实证研究表明，工作记忆容量、流体智力水平等因素会影响知识迁移的表现，这些属于较难改变的个体因素。而进一步的研究表明，个体反思的倾向也会影响知识迁移。更善于进行反思的个体，在迁移任务中的表现更好。[②] 在促进教师知识迁移的过程中，培训者应注重培养教师进行反思的能力，包括对已有的知识与经验进行总结、归纳、重构，以及对新的问题的深入分析与理解，通过对不同问题之间的关联性进行层层剖析与概括总结，反思自己的现状与解决问题的目标存在的差距，进行合理的推理与判断，这样，教师将能实现自发的知识迁移。

（二）教师的知识转化

教师知识是指"教师所具备的科学文化知识及其掌握程度，包括各种文化科

[①] K. J. Holyoak and K. Koh, "Surface and structural similarity in analogical transfer," *Memory & Cognition*, 1987(4).

[②] M. E. Gray and K. J. Holyoak, "Individual differences in relational reasoning," *Memory & Cognition*, 2019(3).

学的基础知识、专业学科知识、教育科学和心理科学知识"①。关于教师知识的分类，研究者有不同的观点。具代表性的就是舒尔曼提出的教师知识分类方法，即教师知识有七类，包括学科内容知识、一般教学法知识、课程知识、学科教学法知识、有关学生的知识、有关教育情境的知识、其他课程的知识。② 教师知识的这种划分方法主要是从学科教学的角度展开的。③ 以艾尔贝兹（Elbaz）为代表的学者提出实践性知识的观点，认为教师有一种在教育教学实践中形成的独特的"实践知识"。④ 自此，围绕教师实践性知识的研究日益增多。陈向明认为教师知识包括可以通过阅读和听讲座获得的理论性知识和在教育教学实践中使用或表现出来的实践性知识；实践知识是教师专业成长的主要知识基础。⑤教师实践知识以教师为主体，表现为教师行动中的反思，是教师对外在事物进行正确把握后形成的一种信念。⑥ 波兰尼（Polanyi）认为，"人类有两种知识，通常所说的知识是用书面文字或地图、数学公式来表达的，这只是知识的一种形式。还有一种知识是不能系统表述的，例如我们有关自己行为的某种知识。如果我们将前一种知识称为显性知识的话，那么我们就可以将后一种知识称为缄默知识"⑦。教师大部分的实践知识都是缄默知识。⑧

知识转化是教师学习转化的重要环节。教师知识转化可以"助推教师在知识传递中将知识向能力、智慧、品德与实践等方面迁移"⑨。野中郁次郎认为知识转化就是显性知识和隐性知识之间的相互作用和变化，并提出了SECI知识转化模型。他认为知识转化要经过社会化（socialization）、外化（externalization）、组合化（combination）、内化（internalization）四个环节，转化过程如图4-3所示。

---

① 辛涛、申继亮、林崇德：《从教师的知识结构看师范教育的改革》，载《高等师范教育研究》，1999(6)。
② 韩曙花、刘永兵：《西方教师知识与教师专业发展研究述评》，载《外国教育研究》，2011(11)。
③ 韩曙花、刘永兵：《西方教师知识与教师专业发展研究述评》，载《外国教育研究》，2011(11)。
④ 朱旭东：《教师专业发展理论研究》，22页，北京，北京师范大学出版社，2011。
⑤ 陈向明：《实践性知识：教师专业发展的知识基础》，载《北京大学教育评论》，2003(1)。
⑥ 陈向明：《实践性知识：教师专业发展的知识基础》，载《北京大学教育评论》，2003(1)。
⑦ 李静、方红：《教师缄默知识转化的困境与对策》，载《现代教育科学》，2016(6)。
⑧ 陈向明：《实践性知识：教师专业发展的知识基础》，载《北京大学教育评论》，2003(1)。
⑨ 张志泉、陈振华：《论教师的知识转化力》，载《中国教育学刊》，2023(3)。

图 4-3　SECI 知识转化模型①

当然，教师知识转化是复杂的。我国学者田良臣和王燕芳基于教师学科知识、课程知识、教学知识构建了学科教师专业知识转化模型(图 4-4)。

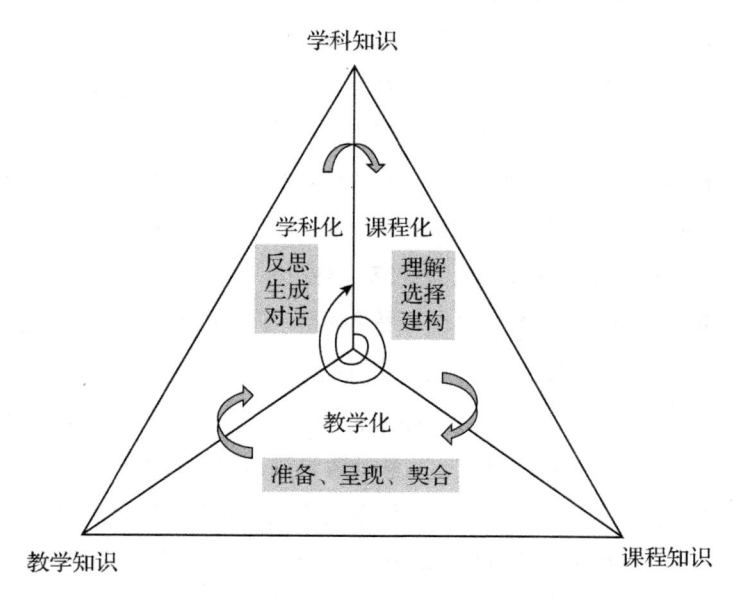

图 4-4　学科教师专业知识转化模型②

概言之，推动教师知识转化，促成教师隐性知识显性化对教师专业发展有积极意义，可以通过构建习得性、发现性和交流性学习三位一体的教师专业发展模式，

---

① 张志泉、陈振华：《论教师的知识转化力》，载《中国教育学刊》，2023(3)。
② 田良臣、王燕芳：《教师专业知识转化新探》，载《课程·教材·教法》，2017(6)。

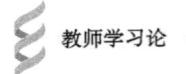

课后小结与札记,教师专业生活史研究三种途径推动教师专业知识的显性化。①

四、教师能力与能力的发展

(一)教师能力的内涵与结构

关于教师能力的内涵与结构,学界尚没有一致结论。申继亮和王凯荣认为教师的教学能力是"以一般能力(智力)为依托,通过特殊能力表现出来的一般能力与特殊能力的结合"②。卢正芝和洪松舟认为教师能力是"教师在教育教学活动中表现出来的、直接或间接影响教育教学活动的质量和完成情况的个性心理特征"③。靳莹和王爱玲认为教师能力是教师在教育教学活动中形成并表现出来的、直接影响教育教学活动的成效和质量,决定教育教学活动的实施与完成的某些能力的结合。④

关于教师能力的结构,国内外学者有丰富的研究。教师能力的结构可以分为宏观层面和微观层面。宏观层面主要是从教师队伍建设上讨论教师能力。2012年,教育部颁布的《幼儿园教师专业标准(试行)》《小学教师专业标准(试行)》《中学教师专业标准(试行)》三个文件,从国家层面对教师专业能力提出了明确要求。微观层面主要侧重对教师能力的核心要素研究。国外学者米勒(Miller)认为教师有十个核心的个人素质和六个核心教学技能,核心的个人素质分别是开放的思想、敏感、能移情、客观公正、真诚、积极关注、交流技能、有安全感、信任和勇气,核心教学技能分别是思考和计划能力、导入能力、质疑能力、探究能力、鼓励能力和学习能力。⑤ 国内学者申继亮和王凯荣认为教师教学能力包括具体学科教学能力、一般教学能力和教学认知能力。⑥ 靳莹和王爱玲认为教师能力从低到高可以分为一级能力和二级能力。⑦ 一级能力分为基本认识能力、系统学习能力、调控与交往能力、教

---

① 张民选:《专业知识显性化与教师专业发展》,载《教育研究》,2002(1)。
② 申继亮、王凯荣:《论教师的教学能力》,载《北京师范大学学报(人文社会科学版)》,2000(1)。
③ 卢正芝、洪松舟:《我国教师能力研究三十年历程之述评》,载《教育发展研究》,2007(2)。
④ 靳莹、王爱玲:《新世纪教师能力体系探析》,载《教育理论与实践》,2000(4)。
⑤ 朱旭东:《教师专业发展理论研究》,100页,北京,北京师范大学出版社,2011。
⑥ 申继亮、王凯荣:《论教师的教学能力》,载《北京师范大学学报(人文社会科学版)》,2000(1)。
⑦ 靳莹、王爱玲:《新世纪教师能力体系探析》,载《教育理论与实践》,2000(4)。

育教学能力、拓展能力。基本认识能力包括观察力、注意力、记忆力、想象力、思维力等二级能力；系统学习能力包括自学能力、专业能力、信息资料的加工利用能力、外语能力；调控与交往能力包括行为与心理的调控能力、人际交往能力；教育教学能力包括组织管理能力（教学内容的组织加工能力、课堂教学的组织实施能力、教育管理能力），表达能力（语言及非语言表达能力、书面表达能力、板书表达能力、情感表达能力），现代教育技术运用能力；拓展能力包括教师自我发展的规划能力、教育教学知识的拓展运用能力、开展创造型教学的能力、教育教学科研能力。

（二）教师能力的发展

教师能力的发展是教师学习的必然追求，也是教师在学习与实践中不断积累的持续过程。有研究者认为教师能力的发展呈现阶段性特征，可以分为生成阶段、再造阶段和创造阶段。生成阶段是新教师刚入职从不能到能的过程，是学习与实践的互动过程；再造阶段是教师能力开始走向成熟的阶段；创造阶段是教师积累了丰富的能力，具备了进行教育教学创新的条件。[①] 从教师专业发展历程看，教师能力发展有不同阶段。例如，有学者认为教师专业发展会经历新手阶段、高级新手阶段、胜任阶段、熟练阶段、专家阶段。[②] 富兰认为教师能力发展会经历关注生存、关注教学情境、关注学生三个阶段。关注生存阶段，以新手教师为主，教师精力主要关注工作中的人际关系，教学能力有限；关注教学情境意味着教师开始将精力转向教学；关注学生阶段，教师开始关注学生，教学能力取得长足发展。[③]

研究发现不同发展阶段教师的能力有不同特征。伯利纳（Berliner）根据教师能力的发展将教师分为新手教师、熟练新手教师、胜任型教师、业务精干型教师和专家型教师五类。每一类教师在能力发展上表现出了不同的特征。例如，新手教师通常是理性化的、处理问题缺乏灵活性、刻板依赖原则规范和计划；熟练新手教师能够整合实践经验和书本知识，教学方法和策略有所改变和提高，经验有所积累，对教学行为的责任感尚不足；胜任型教师在教学中表现出明确的目的性，能识别教学情境中的有效教学信息，对教学行为结果的责任感更强，但是灵活度和流畅度还不

---

① 靳莹、王爱玲：《新世纪教师能力体系探析》，载《教育理论与实践》，2000（4）。
② 李斌：《国内外教师专业发展过程研究述评》，载《江苏教育学院学报（社会科学版）》，2003（4）。
③ 张学民、申继亮：《国外教师教学专长及发展理论述评》，载《比较教育研究》，2001（3）。

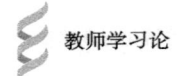

足；业务精干型教师有较强的直觉判断能力，教学技能接近认知自动化水平，教学行为快捷、流畅和灵活；专家型教师对教学情境的观察和判断是直觉性的，凭借经验可以准确发现问题和解决问题，教学行为灵活、顺畅。①

总而言之，教师能力的发展是阶段性、复杂的、动态的过程，需要教师持续学习。

第三节 教师学习转化的路径与方法

一、教师学习转化的路径

学习转化是教师专业成长的关键。基于前文所述，我们可以从以下三个方面促进教师学习转化。

（一）重视教师在学习中的主体地位

无论是转化学习还是教师改变，教师学习转化的主体都是教师。事实上，教师专业学习也正在经历着从外部力量推动的外促学习范式到教师自主的内生学习范式的转变。外促学习范式强调教师学习是有外部力量强加的，教师学习的目的、动机、组织和评价都不是教师本人自愿发生的；内生学习范式强调教师学习是教师本人自觉引发的主动学习。② 从教师学习的本质来看，教师也应该处于主体地位。教师学习具有情境依赖性，教师需要在日常工作情境中，通过与环境的互动，进行自我经验的反思与重构；教师学习具有整体性，教师学习不仅仅是获取知识和技能，还有信念的改变与情感的融入，是身心的全面发展。③ 因此，教育管理部门和学校管理者应该对教师在教师学习中的主体地位给予充分的重视，这也是促进教师学习

---

① 张学民、申继亮：《国外教师教学专长及发展理论述评》，载《比较教育研究》，2001(3)。
② 杜海平：《外促与内生：教师专业学习范式的辩证》，载《教育研究》，2012(9)。
③ 陈向明：《从教师"专业发展"到教师"专业学习"》，载《教育发展研究》，2013(8)。

转化的核心动力所在。

(二) 优化基于转化学习的教师培训设计

培训的最终目标是教师能够将培训所学用于教育教学实践或者教师改变原有的教育教学信念。培训内容与策略都应该围绕着促进教师转化学习的发生进行设计。① 然而，现有教师培训还存在一些问题。比如，培训内容与教师需求难以契合，未能发挥学习者的主导作用，缺乏主动思考的学习情境，培训评估工作形式化②；忽视对培训者经验的梳理，以单向输出为主，参与培训群体间缺乏交互式对话，以调查收尾，缺失让新行为出现的实践环节③。在转化学习视角下，教师培训应该充分了解参训教师的需求，解决教师职业困惑；采取多种方式激发参训教师的批判性反思；营造理性对话的学习情境；督促教师将培训成果应用于教学实践。④

(三) 营造利于教师转化学习的环境

转化学习需要安全的、开放的、信任的环境。⑤ 营造利于教师转化学习的环境，需要教育管理部门和学校组织的共同努力。教育管理部门应该为教师创造积极和谐的教育氛围，尊重教师学习的主体地位，为教师学习提供充足的资源支持，有意识地扩大教师团体层面的合作与互动。在学校层面，学校管理者应该创造安全、开放和信任的组织氛围，支持教师合作。学校管理者应该能够授权教师，鼓励教师创新，允许教师试错，充分激发教师学习的主动性。试错是教师转化学习的关键步骤。在试错的过程中，教师可以根据学生学习结果反馈，不断评价和更新自己的教育信念。同时，学校管理者应该积极支持教师合作学习，鼓励教师对话。对话是教师转化学习的有效途径。对话往往与反思相联系，对话的过程也是互相分享的过程，个体通过对话传播不同的意义结构，彼此互相碰撞，从他人的认知结构中了解

---

① 宋萑、王恒：《教师校本培训转化促进机制研究——有调节的中介模型》，载《华东师范大学学报(教育科学版)》，2019(2)。
② 殷蕾：《转化学习理论视角下教师培训的困境与出路》，载《中国教育学刊》，2018(10)。
③ 汤杰英：《成人质变学习理论视域下的学前教师培训》，载《上海教育科研》，2019(5)。
④ 殷蕾：《转化学习理论视角下教师培训的困境与出路》，载《中国教育学刊》，2018(10)。
⑤ 郭燕燕：《国外成人转化学习理论研究的回顾与展望》，载《河北大学成人教育学院学报》，2011(2)。

到冲突与不足,由此建立新的意义结构。①

二、教师学习转化的方法及案例

教师培训者与教师学习的研究者时刻关注着教师学习转化的过程与效果。在教师的职后培训中,研究者不仅关注学生学习表现、学业成就的提升以及情感方面的收获,也关注教师对所学知识与技能的理解、评价和应用。教育心理学家已经开发出多种测评工具用于研究教师在培训项目中的学习转化(包括行为与观念上的变化)。例如,香港中文大学的倪玉菁等人长期进行教师课堂对话的干预研究。在数学教师课堂对话的培训项目中,倪玉菁等人发现,教师经过培训后在课堂中倾向使用鼓励学生参与思考的对话方式,并提高了自己的课堂对话效能感。参与培训项目的教师完成共计28小时、为期4个月的专项培训,学习如何引导学生参与课堂对话,包括概念化的理论学习和操作化工具的使用。研究使用了问卷、课堂视频分析等多种工具评估项目的效果,发现参与培训的教师的课堂中教师与学生的对话转换增多,学生对课堂讨论的贡献更多,教师使用生产性课堂对话(productive classroom discourse)的频次更高,同时教师对课堂对话中的自我效能感的自我评价水平也有所提高。② 此研究表明,教师所学的知识不仅转化到具体的教学行为中,而且对教师的个人发展也起到积极作用。

在"像历史学家一样阅读"(reading like a historian, RLH)的培训项目中,高中历史教师接受有别于传统历史教育的课程培训。瓦恩伯格(Wineburg)等历史教育学者与高中历史教师共同设计了一套新的历史教学课程,RLH的理念是要求学生阅读原始的历史文献资料而非经过专家总结编制的历史教材,并针对核心问题根据文献资料进行分析、评价和讨论,在课堂学习中模拟历史学家研究的过程。RLH培训项目包括阅读材料,教学工具与策略,教学理念的一整套教材。教师经过培训

---

① 姜宁、陈秋萍、雷丽珍:《转化学习理论视角下的名师工作室教师学习发生机制研究》,载《中国教师》,2022(1)。

② Y. J. Ni, L. Shi and A. Cheung, et al., "Implementation and efficacy of a teacher intervention in dialogic mathematics classroom discourse in Hong Kong primary schools," *International Journal of Educational Research*, 2021(5).

后，在自己的教学活动中使用 RLH 教学法，帮助学生了解背景知识，为学生提供原始文本资料，提出核心历史问题并引导学生进行讨论。①如表 4-2 所示，RLH 教学法与传统的教科书教学法存在显著的区别。RLH 教学法更注重引导学生寻找历史研究中的模式和基本原理，并对不同观点进行评价，发现观点与结论之间的联系，而非被动接受权威所传授的静态知识。赖斯曼(Reisman)在 RLH 教学法培训的研究中发现，参与 RLH 培训项目的教师所教的学生的阅读能力与其他学业成就的平均水平都显著高于未使用 RLH 教学法的对照组的学生，且两组学生在培训项目前测中的表现并无显著差异，但在项目后测中 RLH 组的学生的水平有明显提升。但同时，赖斯曼也发现接受 RLH 教学法培训的教师在使用这一新教学法的过程中仍然面临诸多困难。例如，RLH 教学法占用的课时较多，部分教师在引导学生进行课堂讨论时表现不佳。在项目计划之外的课堂中，历史教师使用 RLH 教学法的意愿存在显著个体差异，过往接受过引导学生进行小组学习和讨论的教学策略或技巧培训的教师在 RLH 项目中表现更好，并有更充分的个人意愿继续使用 RLH 教学法。

表 4-2　RLH 教学法与传统的教科书教学法比较②

比较方面	传统的教科书教学法	RLH 教学法
目标	让学生参与历史研究	向学生呈现历史事件、概念与人物的年表
史实的作用	背景知识帮助学生理解和建构原始资料的意义	学生在注重记忆的测验中回忆史实
课本的作用	学生审视不同来源的原始资料中的观点	学生阅读权威的课本
认识论	学生建构历史知识	历史知识是分散的史实的积累

刘胜兰与茶世俊等在云南乡村教师的阅读推广项目中，以写作指导、文章修改与论文发表推荐等形式帮助乡村教师实现专业阅读与专业写作之间的转化，并总结归纳了乡村教师通过读写结合实现知识转化的要点。茶世俊等人长期组织云南乡村教师举办读书会，在理论与实践相结合的基础上提出教师基于阅读开展写作需要经

---

① S. Wineburg, D. Martin and C. Monte-Sano, *Reading like a historian*: *Teaching literacy in middle and high school history classrooms*, New York, Teachers College Press, 2011, pp. 2-5.

② A. Reisman, "Reading like a historian: A document-based history curriculum intervention in Urban High Schools," *Cognition and Instruction*, 2012(1).

历四个关键步骤：第一步是建立联系，教师需要学会与作者对话而不是对书中所写内容照单全收，应结合自身的经验与思考发现关键问题；第二步是提炼观点，学会表达自己的思想；第三步是提出结构或搭建理论框架，构思观点论述的展开方式与各部分之间的关系；第四步是疏通文字，表达清晰、流畅，逻辑严谨。刘胜兰、刘向银和茶世俊等人总结了教师写作的"四重境界"：第一重境界是阅读心得的写作，所有教师都可以参与，只要阅读和思考就可以产生批注、读书笔记、读后感等，这些文字的产出，便于专家指导教师和读书会内的同伴进行交流；第二重境界是写作自己的阅读故事，通过对自己阅读过程和收获的回顾与反思，提升阅读与写作能力；第三重境界是论文写作，部分能力较强的教师可以将所学的知识与自身经验转化成具有学术价值的研究主题，分析问题并提出解决方案，形成具有结构性、理论性和创新性的专业论文；第四重境界是教育思想的阐释，教育部提出要培养教育家型教师，教师知识转化的最高境界是形成自己的教育思想，并著书立说，影响更多教师与基础教育的发展。①

参与云南乡村教师读书会的小学教师李爱霞已经获得了昆明市春城教学名师、昆明市骨干教师等荣誉，她回顾了自己接受茶世俊指导进行专业写作，形成自己观点的过程："写作过程的艰难，让我常常想要放弃。面对导师，既觉得汗颜又备受鼓舞。汗颜是因为自己读书太少，缺乏智慧，总难表达到位。备受鼓舞是因为指导教师不放弃我，我又怎能放弃自己呢?! 因此我一遍又一遍地按照指导教师提出的建议，经历多次修改，最终让教育思想浮出水面。修改过程艰难，但一想到自己的教育思想就要面世了，我就有了写下去的动力，在一次又一次修改重构，推翻再修改的过程中，我的教育思想成形了。这是读写结合、读以致用、用以促读的过程，这一过程犹如层层剥笋，虽然艰难，但最终让我收获满满的幸福感。"

李爱霞总结多年参与教师培训的理论与实践经验，认为现在的中小学教师主要面临两个方面的困难：一方面是新的知识与概念、新的教学策略技能等层出不穷，而教师日常工作繁重，经常无法进行系统性学习；另一方面是中小学教师的课题研究容易进入瓶颈期，无法清晰界定核心概念，缺乏理论指引与支撑，阻碍教师进一

---

① 刘胜兰、刘向银、茶世俊等：《阅读，遇见更美乡村教师》，202~204 页，昆明，云南人民出版社，2022。

步地反思与转变，无法产出高质量的研究成果。因此，李爱霞联合多所中小学校开展"读·思·行"校本研修项目，促进"以教师为主体的阅读、思考与实践联结的一种教师研究与修习活动"开展。李爱霞提出，知识转化是书本等提供的公共知识与教师个体知识之间的转化，书本等静态知识是教师知识转化的内容基础与媒介，知识的重构与新知识的产生是知识转化的主要结果。①

李琼、倪玉菁等人提出，随着知识观的转变，教师在知识传播与转化过程中的角色也在发生转变。知识发生从强调公众权威性、确真性到强调其建构性与社会性的转变。知识的认识对象是主体与社会其他个体共同建构的，认识活动本身就内含对价值的判断，自然反映出主体和社会的价值取向与文化偏好。现代知识观在考察以对知识的记忆与运用为标志的外在发展的基础上，强调以对知识的判断力与批判力为标志的内在发展，追求对知识的理解与学习的自主性与创造性。因此，教师不仅是专家学者与培训人员提供的知识的消费者与执行者，而且是共同建构教育知识的生产者。② 在未来的研究与培训工作中，促进教师知识转化与参与教育知识建构的策略将成为重点。

---

① 李爱霞：《中小学教师"读·思·行"校本研修中的知识转化研究》，载《中小学教师培训》，2021（12）。
② 李琼、倪玉菁：《从知识观的转型看教师专业发展的角色之嬗变》，载《华东师范大学学报（教育科学版）》，2004（4）。

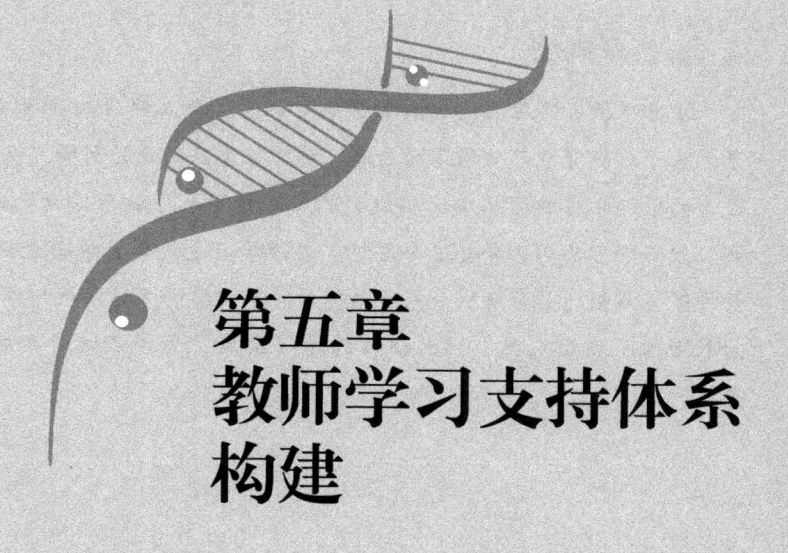

第五章
教师学习支持体系构建

本章概述

本章从教师学习共同体和教师学习的多元场域两个方面构建教师学习支持体系。基于对教师学习共同体的内涵、特征与重要议题的阐释，重点探讨我国教研制度下的教师学习共同体本土实践样态，分析了基于教研活动的教师学习内容与方式。教师学习共同体包含多个层级，教师学习支持体系包含教研组织、学校层面、校外等多层级的学习场域。基于教师学习共同体的多场域教师学习支持体系，可以为教师创设相互支持、相互合作的学习氛围，为教师学习构建良好的教育生态系统。

第一节　教师学习共同体

教师学习共同体(teacher learning community)是教师支持体系的必要内容，也是近年来的研究热点内容。研究者和实践者普遍认同可以通过构建教师学习共同体来有效支持教师学习。本节将聚焦教师学习共同体进行阐述。

一、教师学习共同体的研究缘起

(一)教育变革的挑战

教师学习共同体受到广泛关注，与教育变革要求和教育实践需求密切相关。在经济全球化竞争的大背景下，国内外在教育领域都开展了大范围的教育变革，将教育变革作为国家应对经济全球化挑战的优先策略，以培养能够适应快速变革的世界的优秀人才。以美国为例，1983年，美国发布报告《国家处于危机之中》("A Nation at Risk")，该报告认为美国的国家竞争力在逐渐减弱，指责学校办学质量低下。随后，围绕着教育质量提升，美国进行了一系列教育改革，如20世纪80年代开展的学校重建运动[①]。2001年，美国颁布《不让一个孩子掉队法案》(No Child Left Behind Act)，规范中小学标准化考试，强化了基于学生成绩的学校问责。奥巴马政府时期，《让每一个学生成功法案》(Every Student Succeeds Act)等系列法案颁布，政府加大教育经费投入，重视教师在教育改革中的作用。同样，英国、新西兰等其他西方国家也都进行了各种各样的教育改革。

与其他国家一样，我国的基础教育改革也一直在进行中。20世纪90年代，在改革开放的背景下，面对应试教育片面追求考试成绩而忽视人才发展的局限，我国开始推动素质教育改革。1993年，我国颁布《中国教育改革和发展纲要》，1999年，

[①] 马健生：《简论美国重建学校运动及其动力》，载《比较教育研究》，1998(6)。

《中共中央 国务院关于深化教育改革全面推进素质教育的决定》发布，素质教育开始全面推进。在素质教育改革理念下，基础教育改革涉及管理体制和课程教学的方方面面。新课程改革(以下简称新课改)就是在素质教育背景下推动的针对课程教学的改革。2001年，教育部颁布《基础教育课程改革纲要(试行)》，新课改开始推动，2004年新课改在全国范围内推行。新课改的改革内容涉及课程标准、教材、教学过程、教学方式等方面，是课程文化和教育理念的根本性变革。①

各国的教育变革虽然具体措施有所不同，但是具有相似性。富兰认为这种相似性体现在各国的教育变革都呈现出大规模的系统变革趋势，而这种大规模的系统性体现在它牵涉的不只是某一个层面或群体的变革，而是涉及国家、区域、学区和学校等不同层次的广泛参与。② 然而，教育变革是一个复杂的过程，充满不确定性，变革的过程也不总是一帆风顺的。很多教育变革失败的原因就在于将改革的焦点置于制度层面，而忽视了对课堂和教师教学活动的关注。③ 富兰认为教育变革成功的关键在于学习，包括个体的学习、组织的学习和社会的学习，其中个体的学习就是教师学习。④ 教师不应该是变革的工具，而应该是变革的主人。⑤ 教师学习逐渐成为国内外研究者和实践者普遍关注的焦点。学习共同体被认为是一种有效的教师学习途径，也顺理成章地成为各界普遍关注的热点。

(二)教师学习范式的转变

学习共同体是教师学习的新方式，其研究兴起的本质是教师学习范式的转变。关于教师学习范式的转变，国内外学者都进行了研究。斯坦(Stein)等学者以美国为例，将传统范式称为"在职员工发展模式"，这种模式主要有两种教师学习方式，一种是学区提供经费支持的专业发展项目，另一种是大学提供的课程或工作坊。这两种形式都把教师当作学生，向教师直接呈现知识和技能，教师在其中的角色就是

---

① 谢翌、马云鹏、张治平：《新中国真的发生了八次课程改革吗？》，载《教育研究》，2013(2)。
② M. Fullan, "Large-scale reform comes of age," *Journal of Educational Change*, 2019, 10.
③ 操太圣、卢乃桂：《教师专业发展新范式及其在中国的萌生》，载《教育发展研究》，2002(11)。
④ 何齐宗、周益发：《教育变革的新探索——迈克尔·富兰的教育变革思想述评》，载《教育研究》，2009(9)。
⑤ 王立：《教育变革中的教师发展——迈克尔·富兰教师教育思想述评》，载《高等理科教育》，2011(6)。

被动接受这些知识和技能，然后按照这些内容所要求的流程将其呈现给自己的学生。两种形式都是去情境化的，都没有考虑教师原有的教学经验。而新的教师学习范式与传统范式有很大不同，呈现出的特点是：学习内容是与教师教学实践直接相关的并且聚焦教师教学和学生学习，鼓励合作发展教师共同体，支持校外专家参与校本教师共同体合作，考虑校际差异。① 利特尔(Little)认为传统的以培训和指导为主的教师学习范式不足以应对教育变革的复杂性和不确定性，新的教师学习范式应该是以教师为主体的，鼓励教师反思和自主探寻，学习活动应该重视教师的教学经验和教学情境，支持教师的不同意见和见解，将课堂教学实践与学生学习联结，在结构管理上重视组织和教师的实际需求。② 博尔科(Borko)等学者通过系统综述认为，在新的教师学习范式下，有效的教师学习活动在学习内容上应该是聚焦于指向学生学习的教学实践，在学习过程和结构上应该建立学习共同体，以教师为中心，支持教师持续合作。在教师专业发展新范式下，学习共同体是一种有效的教师学习方式，可以满足教育教学改革的要求。③

我国的教师学习范式存在与国外经验相似的变迁过程。张民选将传统的以在职培训为主的教师学习范式称为接受习得性范式，将新范式称为三位一体的教师教育范式。传统的接受习得性范式，主要是由大学和地方教师培训机构组织开展的教师在职培训。培训以专家讲授为主。在这种范式下，教师学习是自上而下强制的，学习是碎片化的、孤立于教师真实工作情境的。随着国家经济社会发展和教育环境的改变，这种传统范式已经远远不能满足教师的学习需求和教育发展需要。新的教师学习范式应该是接受习得性学习、研究发现性学习与交流分享性学习三位一体的教师教育范式。④ 操太圣和卢乃桂也认为新的教师学习范式在我国的土壤中已经悄然发生，这种新的教师专业发展范式强调教师学习的主体性。⑤ 周成海认为新旧两种

---

① M. K. Stein, M. S. Smith and E. Silver, "The development of professional developers: Learning to assist teachers in new settings in new ways," *Harvard Educational Review*, 1999(3).
② J. W. Little, "Teachers' professional development in a climate of educational reform," *Educational Evaluation and Policy Analysis*, 1993(2).
③ H. Borko, J. Jacobs and K. Koellner, "Contemporary approaches to teacher professional development," *International Encyclopedia of Education*, 2010(2).
④ 张民选：《现代教师专业发展的范式》，载《现代教学》，2004(Z1)。
⑤ 操太圣、卢乃桂：《教师专业发展新范式及其在中国的萌生》，载《教育发展研究》，2002(11)。

教师专业发展范式的转变主要体现在两个方面，一是教师从被动发展到主体性发展，二是从个体化发展到交往性发展。在传统范式下，教师是被动学习者，这种范式认为教师在专业上存在缺陷，需要借助外部力量来发展。新范式强调的是教师的专业自主性，教师可以根据自己的经验和需要，进行自我导向的学习，对自己的专业发展负责。同时，在传统范式下，教师学习是个体努力，而新范式强调的是共同体学习，重视教师与同伴的对话与合作。[1]

教师学习范式的转变本质也是源自对教师专业的认识。研究者认为教师是具有主动学习意愿，具有独特实践知识的专业人员，教师的学习应该是主动的、自我导向的，而不是外在强制施加的。[2] 从学习取向看，教师学习是成人学习，而成人学习的基本特点就是学习者有独立的自我概念，关注个体经验、现实需求、问题解决和内部驱动；从学习目标看，教师学习应该以实现教师的自我概念和个体经验的积极持续的转化为目标；从学习动机看，教师学习应该基于问题和现实需求的内部驱动；从学习途径看，教师学习应该是在学习共同体中的主动学习。[3] 总之，教师学习范式的转变，也催生了教师学习共同体研究的兴起。

(三) 教师学习共同体的诞生

学习共同体的核心是合作学习，这个概念最早兴起于美国，霍德(Hord)是代表性学者之一。20世纪80年代，美国在发布了《国家处于危机之中》报告之后，推动了一系列教育改革。在这一时期，霍德所任职的美国西南教育发展实验室(Southwest Educational Development Laboratory，SEDL)在学校改进实验中开展了教师学习共同体项目，并对教师学习共同体进行了系列研究。1997年，霍德发表研究报告《专业学习共同体：持续探寻与改进的共同体》("Professional Learning Community: Communities of Continuous Inquiry and Improvement")，首次正式提出专业学习共同体的概念，并对其五个核心要素进行系统论述。霍德认为教师学习共同体是持续探寻与改进的共同体，是教师和学校管理者一起持续进行探寻与分享学习，并应用于实

---

[1] 周成海：《教师专业发展范式转移及其在学校管理层面的应对》，载《教育理论与实践》，2013(19)。
[2] 陈向明：《从教师"专业发展"到教师"专业学习"》，载《教育发展研究》，2013(8)。
[3] 裴淼、李肖艳：《成人学习理论视角下的"教师学习"解读：回归教师的成人身份》，载《教师教育研究》，2014(6)。

践，以改进学生学习的团体。① 研究者认为霍德所提倡的专业学习共同体，与学习共同体一样，两者没有区别，其核心目的是解决教师在教育教学中面临的问题，以满足学生学习需求。②此后学习共同体的研究受到了越来越多的关注，研究成果也日益丰富。

二、教师学习共同体的内涵、特征与重要议题

（一）教师学习共同体的内涵

教师学习共同体由"教师学习"和"共同体"两个关键词组成。共同体不同于我们常说的组织，在理解教师学习共同体之前，对共同体概念进行辨析是非常有必要的。

1. 理解共同体

共同体是学习共同体的依托。共同体(community)一词，也常被翻译为社群，是一个社会学的概念，由德国社会学家滕尼斯(Tönnies)于发表的《共同体与社会》一书中提出。滕尼斯认为共同体包含着"真实的与有机的生命"，而社会是抽象出的"想象的与机械的构造"。③ 共同体的类型主要是在建立于自然基础上的群体(家庭、宗族)里实现的。此外，它也可能在小的、历史形成的联合体(村庄、城市)以及在思想的联合体(友谊、师徒关系等)里实现。并且，血缘共同体、地缘共同体和精神共同体等作为共同体的基本形式，不是各个部分相加起来的总和，而是浑然成长在一起的整体。共同体是一种持久的和真正的共同生活。④ 共同体的概念本身强调的是人与人之间亲密的关系、共同的精神意识以及对共同体的归属感和认同感。⑤ 共同体背后的精神特质是一个充满想象的精神家园，是"一个温暖而舒适的

---

① S. M. Hord, *Professional learning communities: Communities of continuous inquiry and improvement*, Austin, Southwest Educational Development Laboratory, 1997, p. 10.
② 毛菊：《当代西方教师学习理论研究》，93页，北京，北京师范大学出版社，2019。
③ ［德］斐迪南·滕尼斯：《共同体与社会——纯粹社会学的基本概念》，张巍卓译，ⅩⅨ页，北京，商务印书馆，2020。
④ 赵健：《学习共同体——关于学习的社会文化分析》，博士学位论文，华东师范大学，2005。
⑤ 冯锐、金婧：《学习共同体的思想形成与发展》，载《电化教育研究》，2007(3)。

场所,一个温馨的'家',在这个家中,我们彼此信任、互相依赖"①。在这样的精神特质下,研究者认为共同体有三个最基本的要素,那就是共同目标、身份认同和归属感。共同体目标强调的是对成员需求的满足,是共同体得以形成的基础。身份认同是成员对自我与群体关系的建构,是共同体形成的基础。归属感是个体对群体的认同与依恋程度,是共同体维系的纽带。②

理解学习共同体,最重要的是区分共同体与组织的差别。我们使用共同体一词,而不使用组织,本质在于共同体与组织背后的理性假设是不同的。正如前面所述,共同体强调的是人与人之间的亲密关系,重视共同体精神以及对共同体的归属感。组织是"互动的个人或团体为实现一定的目标,依据一定的职权关系,通过一定的结构所形成的具有明确界线的实体"③。组织以达到外在目的为目标,组织成员聚集在一起是为了达到这个外在的目的。共同体的成员聚集在一起是因为共同的兴趣爱好,满足成员需求是共同体的目的。④ 将学校看作理性组织,按照科层制的结构进行运作,以效率为目标,"与其说学生在学校中学习,不如说学生通过跟上流水线的节奏,在适应并再生产着一个控制的系统"⑤,这实际是现代资本主义所带来的工具理性在教育领域的延伸。使用共同体概念,本质上是对工具理性下运转的学校组织的精神重建。研究者期望以共同体精神来重建学校。

基于此,学习共同体中的共同体,本质上在于突破传统学校组织的科层结构局限,以共同愿景、相互依赖的紧密关系,来实现教师学习与成长。

2. 理解教师学习共同体

关于教师学习共同体的概念,目前学界并没有一致定义。国内外学者都提出了自己对学习共同体的界定。正如前文所述,霍德认为教师学习共同体是教师和学校

---

① 张志旻、赵世奎、任之光等:《共同体的界定、内涵及其生成——共同体研究综述》,载《科学学与科学技术管理》,2010(10)。
② 张志旻、赵世奎、任之光等:《共同体的界定、内涵及其生成——共同体研究综述》,载《科学学与科学技术管理》,2010(10)。
③ 朱国云:《组织理论:历史与流派》,2页,南京,南京大学出版社,1997。
④ 张志旻、赵世奎、任之光等:《共同体的界定、内涵及其生成——共同体研究综述》,载《科学学与科学技术管理》,2010(10)。
⑤ 赵健:《学习共同体——关于学习的社会文化分析》,博士学位论文,华东师范大学,2005。

管理者一起持续进行探寻与分享学习,并应用于实践,以改进学生学习的团体。[1] 由于霍德在学习共同体领域研究的影响力,这个定义也被很多学者接受。杜福尔(Dufour)认为教师学习共同体是教师一起持续进行合作与学习,以改进学生学习的团体。[2] 斯托尔(Stoll)等人认为教师学习共同体是指一群人持续地以反思、合作、包容、学习的方式对实践进行分享和批判性质询的团体。[3]

国内学者对学习共同体也有不同的界定。有学者将教师学习共同体理解为一种具备一定特点的组织或团队。例如,裴淼和李肖艳认为"学习共同体是一种以教师自愿为前提,以'分享(资源、技术、经验、价值观等)、合作'为核心精神,以共同愿景为纽带把教师联结在一起,互相交流、共同学习的学习型组织"[4]。薛焕玉认为学习共同体是"一个由学习者与助学者(包括教师、专家、辅导者和家长等)共同构成的团体,他们具有共同的目标,经常在一定支撑环境中共同学习,分享各种学习资源,进行相互对话、交流和沟通,分享彼此的情感、体验和观念,共同完成一定的学习任务,通过共同活动形成相互影响、相互促进的人际联系,并对这个团体具有很强的认同感和归属感"[5]。赵健认为教师学习共同体是一种团队,他们以促进学生学习和对某些领域或问题的关注为主题,以一种合作与相互支持的方式学习、研究、实践和反思,以持续改善教育教学实践。[6] 另外,有学者将学习共同体理解为一种学习环境。郑葳和李芒认为学习共同体是一个系统的学习环境,在这样的学习环境中,学生面对一个真实或虚拟真实的、富有挑战性的任务,有机会获得来自环境的给予,包括教师、同伴,甚至校外专家的帮助和支持,有机会通过适应性的学习方式(包括模仿、接受、自主探究等)达到重要的学习目标,也有机会通过支持他人的学习而逐步形成自己主体的身份,从而促进个人智慧和自我的健康

---

[1] S. M. Hord, *Professional learning communities: Communities of continuous inquiry and improvement*, Austin, Southwest Educational Development Laboratory, 1997, p. 10.

[2] R. DuFour, "What is a 'professional learning community'?" *Educational Leadership*, 2004(8).

[3] L. Stoll, R. Bolam and A. McMahon, et al, "Professional learning communities: A review of the literature," *Journal of Educational Change*, 2006(4).

[4] 裴淼、李肖艳:《成人学习理论视角下的"教师学习"解读:回归教师的成人身份》,载《教师教育研究》,2014(6)。

[5] 薛焕玉:《对学习共同体理论与实践的初探》,载《中国地质大学学报(社会科学版)》,2007(1)。

[6] 赵健:《学习共同体——关于学习的社会文化分析》,博士学位论文,华东师范大学,2005。

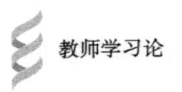

成长。①

可以看出，不同学者对学习共同体的理解视角有所不同的。这些不同的解释中有一些共性，就是都认为学习共同体以合作学习为核心，强调通过教师合作学习来解决教师在教学实践中遇到的困难，以促进学生学习。

(二)教师学习共同体的特征

关于教师学习共同体的特征，很多学者都提出了不同的特征框架。霍德认为教师学习共同体包括五个核心特点，分别是共享的价值观和愿景(shared values and vision)、共享与支持性的领导力(supportive and shared leadership)、集体创造(collective creativity)、共享的个人实践(shared personal practice)、支持性条件(supportive conditions)。②其中，共享的价值观和愿景，是指教师形成共同的关于学校教学和学生学习的目标，教师不仅要参与目标的制定过程，而且要依据目标来开展自己的教育教学活动。共享与支持性的领导力，是指学校管理者要摒弃英雄式的领导心理，授权教师，支持教师参与决策。集体创造，是指学校管理者和教师一起学习，一起探究，共同解决问题，合作探究的过程有助于学校管理者和教师消除隔阂，建立起紧密的关系。共享的个人实践，是指在学习共同体中，教师需要同侪互助(peers helping peers)，教师走进其他教师的课堂，听课和进行评价，这应该是学习共同体的基本规范。支持性条件，是指为共同体教师一起学习、一起决策、一起解决问题创造条件。这些条件包括物理性条件(如开会和讨论的时间、地点和场所)和人的能力条件(如教师之间的相互信任与尊重、有效教学所需的知识与技能等)③④。霍德提出的这个关于学习共同体的五要素模型，也被很多学者接受。

除此之外，还有很多学者就学习共同体的特点提出了不同观点。例如，克鲁泽(Kruse)和路易斯(Louis)认为学习共同体的核心特点包括共享的价值观、关注学生

---

① 郑葳、李芒：《学习共同体及其生成》，载《全球教育展望》，2007(4)。
② S. M. Hord, *Professional learning communities: Communities of continuous inquiry and improvement*, Austin, Southwest Educational Development Laboratory, 1997, pp. 6-18.
③ S. M. Hord, *Professional learning communities: Communities of continuous inquiry and improvement*, Austin, Southwest Educational Development Laboratory, 1997, pp. 6-18.
④ 孙元涛：《教师专业学习共同体：理念、原则与策略》，载《教育发展研究》，2011(22)。

学习、合作、去个体化实践和反思性对话。① 杜福尔和伊克(Eaker)认为学习共同体有六个核心特点，分别是共享的愿景与价值观、集体探寻、合作的团队、行动导向与试验、持续改进、结果导向。② 博勒姆(Bolam)等学者认为学习共同体的核心特点包括：共享目标和愿景，学生学习的集体责任，合作学习，个体和集体专业学习，反思性专业探寻，保持开放并建立网络与伙伴关系，学校全体成员包括教师与管理者全部参与，相互信任、尊重与支持。③ 斯托尔认为学习共同体的核心特点包括共享的价值观和愿景、集体问责、反思性的专业探寻、合作、可以促进集体学习和个体学习、信任的人际关系。④ 学者对教师学习共同体特点的不同观点如表5-1所示。

表5-1　学者对教师学习共同体特点的不同观点

学者研究	特点
霍德(1997)	共享的价值观和愿景、共享与支持性的领导力、集体创造、共享的个人实践、支持性条件
克鲁泽和路易斯(1993)	共享的价值观、关注学生学习、合作、去个体化实践和反思性对话
杜福尔和伊克(1998)	共享的愿景与价值观、集体探寻、合作的团队、行动导向与试验、持续改进、结果导向
博勒姆等(2005)	共享目标和愿景，学生学习的集体责任，合作学习，个体和集体专业学习，反思性专业探寻，保持开放并建立网络与伙伴关系，学校全体成员包括教师与管理者全部参与，相互信任、尊重与支持
斯托尔(2011)	共享的价值观和愿景、集体问责、反思性的专业探寻、合作、可以促进集体学习和个体学习、信任的人际关系

综合这些观点来看，我们发现学者的观点也存在共性，即共同愿景、集体学

---

① S. D. Kruse and K. S. Louis, "An emerging framework for analyzing school-based professional community," The annual meeting of the American Educational Research Association, Atlanta, 1993.
② R. DuFour and R. Eaker, *Professional learning communities at work: Best practices for enhancing student achievement*, Bloomington, Solution Tree, 1998, pp. 19-46.
③ R. Bolam, A. McMahon and L. Stoll, et al., "Creating and sustaining professional learning communities: RR 637," London, Department for Education and Skills, 2005.
④ L. Stoll, "Leading professional learning communities," in J. Robertson and H. Timperley, *Leadership and learning*, London, Sage, 2011, pp. 103-117.

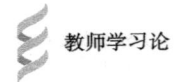

习、支持性条件是教师学习共同体的三个基本要素。共同愿景是共同体的形成基础，集体学习是教师学习共同体的核心内容，支持性条件维系着教师学习共同体。

（三）教师学习共同体的重要议题

教师学习共同体的提出与情境认知、实践共同体、学习型组织等理论议题密切相关。

1. 情境认知

学习理论是教师学习共同体理论诞生的重要理论来源。学习意为"发生于生命有机体中的任何导向持久性能力改变的过程，而且，这些过程的发生并不单纯由生理性成熟或衰老机制导致"，是非常复杂且具有多面性的。[①] 学习理论有不同理论流派，包括行为主义学习理论、认知主义学习理论和情境主义学习理论。不同理论流派对学习的理解有所不同。行为主义学习理论最早起源于20世纪初，以巴甫洛夫和斯金纳为典型代表人物的传统行为主义理论，重点关注的对象是个体的行为，认为学习就是个体行为的改变。在对行为主义的批判浪潮下，认知主义学习理论逐渐产生。认知主义学习理论以信息加工理论为代表，认为学习就是个体内在的信息加工过程。在认知主义的热潮下，20世纪八九十年代，情境主义学习理论逐渐兴起，它的兴起主要源于学者对认知主义过度关注个体内在的信息加工过程，而忽视外在环境对人学习过程影响的批判。情境主义学习理论强调外在环境对学习的重要性。情境主义学习理论是一个综合概念，主要有两个大的理论视角：一个是以布朗（Brown）等学者为代表的心理学视角，即情境认知理论；另一个是以莱夫（Lave）和温格（Wenger）为代表的人类学视角，即实践共同体理论，这部分我们将在下一小节进行详细论述。

情境认知理论的初步成形时期是在20世纪80年代中后期。1987年，雷斯尼克（Resnick）发表演说《学校内外的学习》，认为校内学习主要是个体化和抽象的学习，而校外学习是合作的、情境化的学习，批评学校内的学习脱离学生实际生活。[②] 演说引发了各界关于情境认知的讨论。1989年，布朗等人发表的论文《情境认知与学

[①] ［丹］克努兹·伊列雷斯：《我们如何学习：全视角学习理论》第2版，孙玫璐译，4页，北京，教育科学出版社，2021。

[②] 王文静：《情境认知与学习理论研究述评》，载《全球教育展望》，2002(1)。

习文化》，系统论述了情境认知学习理论。他们认为知识具有情境性，活动不是学习的辅助手段，而是学习的组成部分。学校内的学习不应该是抽象的而应该是模拟真实活动情境下的学习。① 情境认知理论的一个重要概念是"真实性活动"(authentic activity)。所谓真实性活动指的是日常实践活动。此外，布朗等人还提出了"认知学徒制"学习模式，即让学生在真实的实践中，通过活动和社会互动进行学习。② 由此，学者认为教师学习应该让教师与教学实践互动，关注教师教学实践中的真实问题。新手教师可以在老教师的指导下，在真实情境中学习。③

总体而言，心理学视角下的情境认知理论，更关注社会情境中的个体认知。

2. 实践共同体

实践共同体理论是学习共同体的原型，也是人类学视角下的情境学习理论的核心要素。人类学视角下的情境学习，认为学习是参与实践共同体的过程。基于此，教师学习应该是在实践共同体中的学习。实践共同体理论的代表人物是莱夫和温格。1991 年，莱夫和温格两位学者发表《情景学习：合法的边缘性参与》(*Situated learning: Legitimate Peripheral Participation*)，提出情境学习理论和实践共同体的概念。莱夫和温格认为学习是社会实践的一部分，我们应该从参与的视角考虑学习，将注意力集中于参与的方式，学习是对实践共同体不断增强的参与。④

实践共同体中的学习被莱夫和温格称为"合法的边缘性参与"，主要描述的是新手在实践共同体中的学习过程。参与的合法性所采取的形式是归属途径的一个限定特征，因此它不仅仅是学习的一个重要条件，而且还是内容的一个构成要素……边缘性意味着置身于由某个共同体定义的参与领域中多元化的、多样性的、或多或少地投入和包含于其中的存在方式。⑤ 边缘性参与不是一个贬义的或者消极的术

---

① 李翠白：《西方情境学习理论的发展与应用反思》，载《电化教育研究》，2006(9).

② J. S. Brown, A. Collins and P. Duguid, "Situated cognition and the culture of learning," *Educational Researcher*, 1989(1).

③ 周钧、罗剑平：《西方"教师学习"研究述评》，载《比较教育研究》，2014(4)。

④ [美]J. 莱夫、E. 温格：《情景学习：合法的边缘性参与》，王文静译，6 页，上海，华东师范大学出版社，2004。

⑤ [美]J. 莱夫、E. 温格：《情景学习：合法的边缘性参与》，王文静译，6 页，上海，华东师范大学出版社，2004。

语，而是"一个积极的术语……它还是一个动态概念。在这个意义上，当边缘性被赋予权力时，它暗示着一种开放的通道，一种为了理解的目的通过逐渐增长的进入通达源头的途径"①。同时，与合法的边缘性参与对立的不是中心参与(central participation)或完全参与(complete participation)，而是充分参与(full participation)。中心参与暗示着该共同体有一个中心，这个中心涉及个人在其中的位置。完全参与则意味着一个知识或集体参与实践的封闭领域，在这种条件下新手的"获得"或许能达到可测量的程度。我们所选择的是要求由边缘性参与引导所至的充分参与。充分参与的目的是能公正地对待包括在共同体成员各种不同形式中的关系的多样性。②合法的边缘性参与增强了学习的非中心化观点，合法是新手获得共同体学习资源的合法性，边缘性参与意味着新手要在参与共同体实践中，通过对熟手工作的观察和互动，进行学习。③ 经历了从边缘参与到充分参与，个体也就实现了从新手到熟手的蜕变。合法的边缘性参与为我们理解新手教师的学习提供了新的视角。

1998年，温格进一步发表专著《实践社群：学习、意义和身份》(*Communities of Practice: Learning, Meaning and Identity*)，对实践共同体进行了详细论述。温格认为"实践共同体包括了一系列个体共享的、相互明确的实践和信念以及对长时间追求共同利益的理解"④。实践共同体并不是人员之间由于任务或工作需要的简单聚集，也不是通常意义上的社会团体、专业社群，而是包含了明确的社会实践、共同体愿景及共享的信念等成分。⑤ 温格明确了实践共同体的三个核心要素，分别是相互参与(mutual engagement)、共同的事业(joint enterprise)、共享的知识库(shared repertoire)。首先，相互参与是实践的基础，没有相互参与和互动，也就不能称为实践共同体。相互参与意味着互动，通过互动，成员可以对某一问题产生共同的理解。共同的事业是指共同体成员在互动过程中产生的共享的目标，朝着目标共同努力。

---

① [美]J. 莱夫、E. 温格：《情景学习：合法的边缘性参与》，王文静译，7页，上海，华东师范大学出版社，2004。
② [美]J. 莱夫、E. 温格：《情景学习：合法的边缘性参与》，王文静译，6~7页，上海，华东师范大学出版社，2004。
③ 崔允漷、王中男：《学习如何发生：情境学习理论的诠释》，载《教育科学研究》，2012(7)。
④ [美]J. 莱夫、E. 温格：《情景学习：合法的边缘性参与》，王文静译，译者序4页，上海，华东师范大学出版社，2004。
⑤ 李子建、邱德峰：《实践共同体：迈向教师专业身份认同新视野》，载《全球教育展望》，2016(5)。

共享的知识库是指成员之间通过互动，在共同追求目标的过程中，产生的各种集体智慧成果，如规则规范、做事风格等。[1]

实践共同体中的学习不单单是指参与实践，还涉及意义、身份、社会化等多方面的因素。实践共同体中的学习强调的是教师合作学习，重视教师之间的互动。同时，"实践共同体为教师提供了一个塑造集体身份的场域，在共同体当中新手教师通过实践参与及与老手教师互动，与其他共同体成员进行协商，教师的知识、技能、意义、身份都发生了转变，教师不再是外在的知识、技能的承受者，而是集体成员中的主动的分享者、贡献者，实践共同体的不断生产和再生产的推动者、实施者和维护者。此外，实践共同体也为教师的终身学习搭建了场所，共同体的维持和发展需要共同体成员持续不断地更新自我，更新的过程实质上就是教师不断地学习的过程，教师要转变发展理念，改善知识结构，提高技能水平，提升综合素养，通过终身学习来推动共同体的长久发展。"[2]

3. 学习型组织

学习型组织理论是学习共同体理论的重要理论来源之一。[3] 霍德作为学习共同体理论的代表性人物，在其关于学习共同体的论述中，认为学习共同体的核心特点之一是集体创造，他对这一内涵的解释就是借鉴的学习型组织理论。[4]

学习型组织理论是管理学领域的理论。1990年，彼得·圣吉（Peter Senge）出版专著《第五项修炼》，正式提出了完整的学习型组织理论。圣吉认为学习型组织是指在学习型组织中，组织的成员能够持续发挥能力，创造期待的结果，培训新的思想形式，塑造集体的气氛，所有的成员都能够学会如何向其他人学习。[5] 同时，圣吉认为学习型组织需要有五项修炼，分别是建立共同愿景、自我超越、改善心智模式、团队学习、系统思考。[6] 建立共同愿景，要求组织要建立共同的目标、价值观

---

[1] E. Wenger, *Communities of Practice: Learning, Meaning, and Identity*, Cambridge, Cambridge University Press, 1998, pp. 73-85.

[2] 李子建、邱德峰：《实践共同体：迈向教师专业身份认同新视野》，载《全球教育展望》，2016(5)。

[3] 毛菊：《当代西方教师学习理论研究》，98页，北京，北京师范大学出版社，2019。

[4] S. M. Hord, *Professional learning communities: Communities of continuous inquiry and improvement*, Austin, Southwest Educational Development Laboratory, 1997, pp. 19-20.

[5] 陈江华：《学习型组织理论研究综述与评价》，载《北京交通大学学报(社会科学版)》，2014(2)。

[6] 王润良、郑晓齐、王焜：《学习型组织理论与实践》，载《北京航空航天大学学报(社会科学版)》，2001(3)。

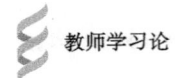

和使命，这一点对学习型组织至关重要，因为它能够将组织成员凝聚在一起，使他们一起为了共同愿景而努力。自我超越，是指组织成员能够敢于挑战自我，努力实现个人目标。改善心智模式，是指要关注成员行为背后的真正想法、观念和价值观，反思组织的集体的心智模式。团队学习，是指让组织中的团队真正地发生学习。系统思考，是指要用系统思维思考组织的发展。[1]

学习型组织理论以个体学习和组织学习为单位，注重学习习惯的养成，以不断提高个体学习能力和组织学习能力为目标。[2] 虽然学习共同体理论在很多方面受到学习型组织理论的影响，但是学习共同体与学习型组织两者是有区别的。首先，学习共同体属于共同体范畴，学习型组织属于社会范畴。共同体更侧重参与者在社会行为取向的基础上主观感受到自身属于一个整体，在制度环境角度相对来说处于非正式情境。而社会是由理性驱动的利益共同体，是相对严格意义上的专业联合体，组织是其典型的表现形式之一。其次，虽然两者都以学习为核心，但是学习共同体中的学习要融入社会文化中，参与到社会系统中，是异质共同体成员集体建构知识的过程，不仅仅是脑力活动，还是利用工具和身体的行动本身。学习型组织中的学习更强调心灵的转变，涉及做人的意义问题。通过学习，人们可以开发自身能力、培养创新能力、重新认识自己和世界的关系，实现自身的重塑和再造。[3]

三、教师学习共同体的本土实践：中国教研

学习共同体是发源于西方的学术概念。虽然国内外学者对教师学习共同体的内涵与特点有着相似的界定，但是在具体实践表现上是不尽相同的。[4] 比如，在教师合作上，以个人主义文化为主导的西方国家，其教师教学通常是孤立的，所谓一个

---

[1] 沈崴、张睿、高俊山：《学习型组织理论模型的比较研究》，载《现代管理科学》，2004(3)。
[2] 严运锦：《学习共同体、实践共同体、学习型组织概念辨析》，载《上海教育科研》，2019(8)。
[3] 严运锦：《学习共同体、实践共同体、学习型组织概念辨析》，载《上海教育科研》，2019(8)。
[4] 郑鑫、张佳：《中西方教师专业学习共同体的差异：跨文化比较的视角》，载《外国教育研究》，2015(8)。

教师一个进度，教师的课堂是封闭的①，走进同侪的教室去观课是不可思议的②。但是，在我国，教师走进彼此的教室，进行听课、观课和评课，已经是一种制度化的常态。这得益于我国自新中国成立以来形成的基础教育教学研究制度（以下简称教研制度）。随着学习共同体研究的兴起，国内外关于教师合作学习之间的对话交流越来越多，我国独特的教研制度在国际上也受到了很大关注。2021年，《华东师范大学学报（教育科学版）》期刊安排了专版供学者探讨我国的教研制度。在这期专刊中，香港大学教育学院院长程介明教授发表了《教研：中国教育的宝藏》，认为"中国的教研，是一个少有的教学体系。不止如此，教研其实也是教师专业身份的象征，而教研所包含的种种内涵和使命，也可以说相当于西方的教师专业组织的功能，不过采取了中国特色的形态。教研里的'研'，更是保持教师专业长青不断更新的关键因素，而这是其他社会少有的。因此说，教研是中国教育的宝藏，应该珍惜而且更上一层楼"③。

鉴于此，本节我们聚焦教研，探讨学习共同体在我国的本土实践。

（一）教研的内涵

教研是教育教学研究的简称，教研中的"教"是指教育教学，"研"是指研究。人们通常认为，教研是指"教师个体或群体自发地或有组织地探讨解决与教学有关的所有问题以推进教学不断进步的研究活动"④。另外，学者认为教研有广义和狭义之分。有学者认为广义的教研是指教师对包括教学活动在内的所有教育实践的研究，狭义的教研是指教师对教学工作的研究。⑤ 也有学者认为广义的教研是指"凡针对教育领域的各种现象、问题、规则、技术、策略及教学全过程的调查、观察、实验、系统思辨，以及比较分析等，统称为教育研究"。研究主题包括专职教研人

---

① 郑鑫、张佳：《中西方教师专业学习共同体的差异：跨文化比较的视角》，载《外国教育研究》，2015(8)。
② 程介明：《教研：中国教育的宝藏》，载《华东师范大学学报（教育科学版）》，2021(5)。
③ 程介明：《教研：中国教育的宝藏》，载《华东师范大学学报（教育科学版）》，2021(5)。
④ 刘月霞：《追根溯源："教研"源于中国本土实践》，载《华东师范大学学报（教育科学版）》，2021(5)。
⑤ 吴义昌：《科研、教研与中小学教师》，载《当代教育论坛》，2004(8)。

员、教师、教育管理人员,以及教育领域的其他相关研究者。① 有学者认为狭义的教研通常是指中小学教师有目的、有过程、有方法地去寻找解决教学问题的答案的过程。② 如果从教研主体来看,不同主体因为角色和站位不同,其所提及的教研指向会有不同侧重,如教师口中常提及的教研多是与教学实践相关的教研,而教研员等专门从事教研工作的人提及的教研多指向教研制度等内容。③ 其实,以上关于教研的广义定义或狭义定义,都是从教研活动的视角被赋予的定义。事实上,如今在我国的基础教育体系下,教研一词所指代的含义不仅仅是教研活动了,还具备多重含义,"教研已发展为一个较为完整的工作体系,成为基础教育工作领域的重要组成部分,其中既包括自上而下逐级设置的或独立或整合的四级教研机构和学校独立设置的教研组,也包括专门从事教研工作的人员以及配套而生的体制、制度、管理、工作模式等"④。

无论哪种定义,回归到教研的本质,从根本意义上讲,教研的本体是教学研究活动,没有教学研究活动就无从谈论教研组织(机构)、教研人员、教研制度乃至教研体系。教研组织(机构)、教研人员、教研制度乃至教研体系都是服务保障于教学研究活动这一本体的。⑤

(二)教研的历史发展

我国教研制度,从新中国成立以来,经历了不同的发展阶段。有学者将这个发展过程划分为六个阶段,分别是初创期、发展期、挫折期、恢复期、规范期、创新期。⑥ 也有学者将其分为四个阶段,分别是模仿探索期、恢复发展期、改革深化

---

① 聂劲松:《中国百年教育研究制度审视》,博士学位论文,湖南师范大学,2009。
② 龚兴英:《中小学教师教研活动研究》,博士学位论文,西南大学,2014。
③ 刘月霞:《追根溯源:"教研"源于中国本土实践》,载《华东师范大学学报(教育科学版)》,2021(5)。
④ 刘月霞:《追根溯源:"教研"源于中国本土实践》,载《华东师范大学学报(教育科学版)》,2021(5)。
⑤ 刘月霞:《追根溯源:"教研"源于中国本土实践》,载《华东师范大学学报(教育科学版)》,2021(5)。
⑥ 卢立涛、王泓瑶、沈茜:《新中国七十年教研制度的变迁逻辑——基于历史制度主义的视角》,载《教师教育研究》,2020(1)。

期、多元创新期。① 虽然学者细致划分的发展阶段有所不同，但是综合来看，我国教研的历史发展有两个关键时间节点：一是"文革"，即"文革"前的初期探索，以及"文革"后的初步恢复；二是新课改，即"文革"后到新课改前，属于恢复发展时期，新课改之后属于创新发展时期。具体来说，教研发展经历以下四个时期。

一是初创期（1949—1965年）。新中国成立后，教育亟须发展，于是在借鉴苏联"教学法小组"经验的基础上，我国开始逐渐建立起了教研制度。1952年，教育部颁布《中学暂行规程（草案）》与《小学暂行规程（草案）》，正式提出要建立"学科教学研究组织"。《中学暂行规程（草案）》规定：中学各学科设教学研究组，由各科教员分别组织之，以研究改进教学工作为目的，每组设组长一人，由校长就各科教员中选聘之（在班数较少的学校，教学研究组得联合性质相近的学科组织之）。各科教学会议由各科教学研究组分别举行，以组长为主席，校长、教导主任分别参加指导。其任务为讨论及制定该科教学进度、研究教学内容及教学方法。各科教学会议每两周举行一次，必要时得举行各组联席会议。②《小学暂行规程（草案）》也明确提出：举行教导研究会议，由全体教师依照学科性质，根据本校具体情况，分别组织研究组，各组设组长一人，主持本组教导研究会议……每两周各举行一次，必要时得召集临时研究会议……规模较小的小学，不能举行教导研究会议的，得由同地区内几个小学联合举行。③ 为了进一步规范学科教学研究组织，1957年教育部颁布《中学教学研究组工作条例（草案）》及《关于〈中学教学研究组工作条例（草案）〉的说明》，明确指出"中学教学研究组（简称教研组）是各科教师的教学研究组织。教研组的任务是：组织教师进行教学研究工作，总结、交流教学经验、提高教师思想、业务水平，以提高教育质量。教研组的工作内容如下：学习有关中学教育的方针、政策和指示；研究教学大纲、教材和教学方法；结合教学工作钻研教育理论和专业科学知识；总结、交流教学和指导课外活动的经验"④。这一时期，我国教研

---

① 李松：《我国中小学教研60年：反思与展望》，载《当代教育科学》，2014(17)。
② 《中国教育事典》编委会：《中国教育事典 中等教育卷》，198页，石家庄，河北教育出版社，1994。
③ 何东昌：《中华人民共和国重要教育文献（1949—1975年）》，720页，海口，海南出版社，1998。
④ 张楠：《校长工作大全》，795页，西安，陕西人民出版社，1991。

活动的主要内容是学习国家政策、专研教材教法、组织教师听评课。① 1966 年之后的"文革"十年，由于教育系统发展缓慢，教研也进入了停滞时期。

二是恢复时期（1977—1984 年）。"文革"结束后，随着教育秩序的恢复，教研制度也得以恢复和发展。这一时期的主要教研活动以集体备课和师带徒为主，教研内容以教材分析为主。②

三是改革期（1985—1999 年）。改革开放后，基础教育改革也进入了新阶段。1990 年，教育部颁布《关于改进和加强教学研究室工作的若干意见》，进一步明确了教研组的目标、职能和工作重点等。这之后，我国的教研队伍和教研制度建设逐渐发展和完善。③ 在素质教育改革背景下，这期间的教研活动从关注教材和教法，转向关注以学生为中心的教学研究。教研活动形式逐渐多样化。④

四是创新期（2000 年后）。在新课改的背景下，我国教研进入创新发展时期。2001 年，《基础教育课程改革纲要（试行）》颁布，文件明确指出"各级中小学教研机构要把基础教育课程改革作为中心工作，充分发挥教学研究、指导和服务等作用"。这也确立了教研在新课改中的重要地位。这之后，教研工作中心逐渐为新课改服务。⑤ 这一时期的教研形式最主要的变化就是校本教研。与传统教研形式不同，校本教研关注学校自身发展问题，注重校本教师所面临的问题，关注学校教师的专业水平提升，典型的教研方式有微课题、师本教研等。⑥ 2019 年 11 月，教育部印发《教育部关于加强和改进新时代基础教育教研工作的意见》。文件对教研的主要任务、教研工作体系、工作职责、教研队伍建设、教研保障机制等方面提出了明确要求。文件指出，教研的主要任务是"服务学校教育教学，引领课程教学改革，提高教育教学质量；服务教师专业成长，指导教师改进教学方式，提高教书育人能力；服务学生全面发展，深入研究学生学习和成长规律，提高学生综合素质；

---

① 李松：《我国中小学教研 60 年：反思与展望》，载《当代教育科学》，2014(17)。
② 李松：《我国中小学教研 60 年：反思与展望》，载《当代教育科学》，2014(17)。
③ 卢立涛、王泓瑶、沈茜：《新中国七十年教研制度的变迁逻辑——基于历史制度主义的视角》，载《教师教育研究》，2020(1)。
④ 李松：《我国中小学教研 60 年：反思与展望》，载《当代教育科学》，2014(17)。
⑤ 卢立涛、王泓瑶、沈茜：《新中国七十年教研制度的变迁逻辑——基于历史制度主义的视角》，载《教师教育研究》，2020(1)。
⑥ 李松：《我国中小学教研 60 年：反思与展望》，载《当代教育科学》，2014(17)。

服务教育管理决策，加强基础教育理论、政策和实践研究，提高教育决策的科学化水平"。同时，文件进一步明确了要逐步完善国家、省、市、县、校五级教研工作体系。

可以看出，我国教研是一个不断发展和完善的历程。值得一提的是，关于教研是否源自苏联，其实学者有不同看法。有学者认为我国教研的传统其实可以追溯到晚清①或民国时期②。如果我们"把在中国大地上存续百年以上的'教研'归为苏联'血统'，确有断章取义之弊，也有盲人摸象之嫌"③。

(三)教研制度下的教师学习共同体样态

1. 实践样态：教研组织

在教研制度下，中小学教师会接触和参与到不同的教研组织中。最直接接触到的就是教研组、备课组、年级组。一般教研组内会划分不同的备课组。教研组和年级组受学校教学主任或教务主任直接领导。

在实践中，不同学校出于不同学科教师队伍规模、组织建设等因素考虑，会使教研组、年级组、备课组有不同的名称或组织结构划分。除了教研组、年级组、备课组，教师依据参加的教研活动不同，还会参与到不同的教研组织中，如师徒组、青年教师发展组、项目组、课题组，还有由区域或学区内不同学校组成的名师工作室、各级各类培训班等。可以说，相较于西方，我国中小学教师可以直接或间接接触到的教师合作学习团体是非常多的。

教研组、年级组、备课组或其他教师学习集体就是教师学习共同体了吗？这是一个值得我们深入思考和研究的问题。有研究者认为，教研组虽然具有教师学习共同体的特征和功能，但是与有效的学习共同体尚有差距，原因是"教研组非单纯的专业组织性质，教研组长角色的非专业性，组长缺乏专业领导者的素质，教师工作

---

① 刘月霞：《追根溯源："教研"源于中国本土实践》，载《华东师范大学学报(教育科学版)》，2021(5)。
② 胡艳：《民国时期我国中小学教师的学习研究组织及其活动》，载《教师发展研究》，2017(1)。
③ 刘月霞：《追根溯源："教研"源于中国本土实践》，载《华东师范大学学报(教育科学版)》，2021(5)。

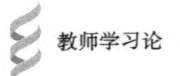

负荷过重等"①。

2. 集体学习：教研活动

教研活动是教研的核心。不同学者对教研活动的理解有所不同。有的研究者关注教研活动的目的，有的关注教研活动的具体活动过程，有的关注教研活动的性质。龚兴英认为教研活动是教师在有目的、有过程、有方法地分析和解决学校课程实施、教育教学过程中，会面临各种具体教育教学问题，以促进教师专业发展为宗旨的一种实践性、反思性的专业发展研究活动。同时，我国教研活动的特征包括教研活动设计的系统性、教研活动对象的群众性、教研活动时间的经常性、教研活动成果的实效性等。②

教师学习共同体倡导的是集体学习。伴随着新中国成立后我国教研七十多年的发展历程，目前我国教师的集体学习活动是多种多样的。按活动内容，有研究者将我国教研活动分为探究型、研培型、竞赛型、观摩型、指导型、自修型。③ 也有研究者将其区分为经验分享类、习得体验类、观察评议类、行动研究类。其中，经验分享类是指围绕既定主题，组织教师进行经验交流，以完成对主题的全面系统认识。习得体验类一般是教师自主阅读或听专家讲座后，基于习得的新理念和新知识，进行教学实践探索。观察评议类主要是听课、评课和观课，这也是使用较广泛的教研活动形式。行动研究类是指聚焦某一个主题基于研究和实践进行持续探索，以实现实践改进。④

按活动参与主体范围，我们可以将教研活动划分为校本教研、校际教研、集团教研、连片教研、区域教研、跨区域教研等。校本教研主要是以本校教师为主体开展的教研活动。其他教研(校际教研、集团教研、连片教研、区域教研、跨区域教研)主要是由不同学校的教师一起参与的教研活动，其区别只是参与的学校范围不同，如集团教研主要是集团内不同学校参与，而区域教研主要是同一学区或同一地域的不同学校参与。

教师可以接触到的教研团队多，可以参与的教研活动多，并不一定意味着有效

---

① 胡艳：《专业学习共同体视角下的教研组建设——以北京市某区中学教研组为例》，载《教育研究》，2013(10)。
② 龚兴英：《中小学教师教研活动研究》，博士学位论文，西南大学，2014。
③ 龚兴英：《中小学教师教研活动研究》，博士学位论文，西南大学，2014。
④ 胡庆芳：《中小学教研活动课程化的思考与实践》，载《教育理论与实践》，2014(29)。

的教研活动一定发生。在教研制度下，教师参与教研活动多是自上而下推动的，这带来很多教师学习的本土问题。例如，①学习活动总体设计缺乏系列化、持续性，主题设计随意。有些学校的教研活动虽然有主题，但是常常止于一次性的碎片化研究，缺乏系列化、长时段的深入研究过程。活动前没有明确目标，或者即使制定了目标也缺乏具体落实。大量教研活动开展得非常随意，常常是三五个教师相互听听课，不痛不痒地提些意见。这样的教研活动虽然有助于教师之间分享教学见解，但是从提高教研质量角度看是远远不够的。②学习过程缺少探究性、焦点式对话不充分。教研活动常常是教师轮流发言，研讨缺少重点、缺乏深度。③学习内容封闭，广度和深度都不够。目前很多教研活动仍然以教材分析为主，学习视野相对封闭。④学习后的教师自我反思不深入。目前中小学的教研活动，往往更注重备课和公开展示环节，而忽视了活动后的反思环节。⑤学习活动形式单一、流于形式，新的教研模式缺少制度保障。⑥在学习活动的组织上，以学科性质划分，学科间的交流与整合还不充分。⑦教师在学习中的主体性不强，尤其在按资排辈和优秀教师权威氛围下，普通教师的参与积极性不高。①②③④⑤ 教研中教师学习的有效性，一直是我国学者所关心的问题。以教师学习共同体的理念改进教研活动，提高教研有效性，也是目前很多研究者的观点。⑥⑦⑧

我们认为，我们的教研应该有自己的坚持和自信。⑨ 教研作为"中国宝藏"，我们应该珍惜，以理性客观的态度进行深入挖掘，并使其与教师学习共同体这一诞生于西方的学术话语进行积极对话。这也是本小节的核心意图所在。

---

① 李钰：《教研组教研活动的现状与对策研究——以寿光市某小学为例》，硕士学位论文，山东师范大学，2019。

② 卜玉华：《价值视角下我国中小学教研活动现状及发展策略》，载《中小学管理》，2019(10)。

③ 王建军、陈丽翠：《中小学教师集体教研："空心化"现象与"实心化"回归》，载《湖南师范大学教育科学学报》，2020(2)。

④ 胡庆芳：《中小学教研活动课程化的思考与实践》，载《教育理论与实践》，2014(29)。

⑤ 俞晓东：《论转型期中小学教研工作的趋势、功能与着力点》，载《教师教育论坛》，2020(8)。

⑥ 屠锦红：《"学习共同体"：理论价值与实践困境》，载《当代教育科学》，2013(16)。

⑦ 胡艳：《专业学习共同体视角下的教研组建设——以北京市某区中学教研组为例》，载《教育研究》，2013(10)。

⑧ 王京华、李玲玲：《教师学习共同体——教师专业发展的有效路径》，载《河北师范大学学报（教育科学版）》，2013(2)。

⑨ 丛立新：《教研制度要有自己的坚持和自信》，载《人民教育》，2019(21)。

第二节 教师学习的多元场域

回顾教师学习理论的发展，我们可以清晰地看到学者对教师学习认识的发展走向。这种走向是对教师学习背后的知识观和学习观的重新审视。教师知识更多是"缄默的、身体化的、情境依赖的、分布在人际互动和人际关系之中，只有在真实的问题情境中才能被激活、被意会和被重构"[1]。教师学习观"从被动、个体孤立的学习"转变到了"重视对话、合作、实践"。[2] 这意味着教师学习不再是孤立的个体学习，而是多场域的，应该构建多场域支持体系促进教师学习。本节我们聚焦教师学习的多元场域来进行系统阐述。

一、教师学习的多场域性

（一）主动的学习者

教师学习首先意味着个体学习的发生。时代的快速发展和教育改革的不断深化要求教师必须终身学习，不断自我更新，教师要对自己的学习负责，持续自主地进行专业发展，成为主动学习者。作为主动学习者的教师需要做到以下几个方面。

1. 积极思考，实现内生型成长

教师的学习既是外界的要求，也是内在的需要。教师如何看待学习，会直接影响教师的学习动机、学习状态，以及自我生命的丰盈。教师如果把学习只看作外界的要求，为了追求激励或者避免惩罚而去学习，那就是用外部动机来驱动自己，会难以真正地投入学习中，其学习的情感体验往往是不愉快的，甚至是痛苦的。教师如果把学习看作实现自己人生使命的机会，在学习和实践的过程中体验到实现人生

---

[1] 陈向明：《从教师"专业发展"到教师"专业学习"》，载《教育发展研究》，2013(8)。
[2] 毛菊：《当代西方教师学习理论研究》，193页，北京，北京师范大学出版社，2019。

价值的乐趣，那就是用内部动机来驱动自己，就会真正地投入学习中，其学习的情感体验将是愉悦的、有成就的、幸福的。积极的思考和积极的行动，能让教师获得内生的成长动力，带着好奇心和乐趣来学习和工作，实现内生型成长。

2. 积极追寻职业使命

环境对人的影响是多重的，环境给了教师发展自身的机会，但环境也有可能破坏教师的内部动机，让教师甚至还没有意识到这一点就被动顺从。我们可以改变这一切，知道自己想要成为什么样的人，发现自己生命的意义，让自己成为更加自主的人，更加自主地工作和学习。

美国心理学家维克多·弗兰克尔（Viktor Frankl）在纳粹时期，被关进了奥斯威辛集中营，他不但忍受了炼狱般的痛苦，而且将自己的经验与学术相结合，开创了意义疗法。他认为，无论身处什么样的环境，人们都拥有选择自己的态度和行为方式的自由。即便是在集中营里，"犯人最终成为什么样的人，仍然取决于他自己内心的决定，而不单单取决于集中营生活的影响。因此，在心理和精神的层面，基本上任何人都能够决定自己成为什么样的人"①。

努力发现生命的意义是人最主要的动力。正如尼采说的："当一个人知道自己为什么而活，他就能忍受任何一种生活。"弗兰克尔说，人对意义的追寻会导致内心的紧张而非平衡，不过，这种紧张恰恰是精神健康的必要前提。人实际需要的不是没有紧张的状态，而是为追求某个自由选择的、有价值的目标而付出的努力和奋斗。他需要的不是不问代价地消除紧张，而是某个有待他去完成的潜在意义的召唤。人需要的不是"内稳态"，而是"精神动力"。② 这与勒温的场动力理论不谋而合，该理论认为人的心理过程有趋于平衡的倾向，个体内在的需要和外界对个体的要求会导致个体的内在紧张状态，驱使人采取行动，以达到平衡。弗兰克尔则强调，人实际上需要这种紧张状态，尤其是对生命意义的追寻带来的紧张状态，是让我们保持精神健康的前提。我们通过对生活的观察也能发现，当人们丧失了生活的意义感时，他们会丧失动力，陷入麻木和绝望的状态，从而产生心理疾病。

对工作意义的追寻是教师职业认同和职业承诺的重要部分，是教师学习的内生

---

① ［美］维克多·弗兰克尔：《活出生命的意义》，吕娜译，80页，北京，华夏出版社，2010。
② ［美］维克多·弗兰克尔：《活出生命的意义》，吕娜译，125页，北京，华夏出版社，2010。

动力的重要源泉。对工作意义和个人价值的思考，不是我要从这个世界获得什么，而是我能为这个世界奉献什么。体会教师职业的使命感，决定自己要成为什么样的人，要通过自己的创造为世界作出怎样独特的贡献，并以行动来回答这个问题，这将为学习和工作提供源源不竭的动力。

3. 拥抱压力，激发动力

在时代快速发展和教育改革不断深化的背景下，教育在国家发展和社会发展中的重要地位得到确立，教育发展也面临各方压力，教育改革成败的责任和重担落到教师身上。知识的多元化发展，教育理念的不断更新，社会和家庭对教师充满期待，教师发展面临的压力不言而喻，教师学习成为教师发展的必需。然而，这种压力在多大程度上能转化为教师学习的内在动力，要取决于教师如何看待压力。

长久以来，人们有一种普遍的认识，那就是压力可能会导致疾病，因此人们更关注如何减压。但研究发现，压力是否对健康有害，跟人们如何看待疾病有关。高压提高了43%的死亡风险，但提高的死亡风险只适用于那些相信压力对健康有害的人。那些报告承受了高压力，并不认为压力有害的人的死亡风险是最低的，甚至低于那些报告自己承受着很少压力的人。[①]

事实上，压力有着重要的积极意义。首先，压力与意义相关。对我们不在乎的事情，我们不会感到压力，压力是我们在真正投入角色、追求意义感的过程中不可避免的。压力会造成我们心理场的紧张，带给我们行动的能量，让我们采取有效的行动来应对压力情境。

关于压力的生理学的研究表明，在压力情境下，人体会释放两种荷尔蒙——皮质醇和脱氢表雄酮。皮质醇能帮助转化糖和脂肪，提高身体及大脑使用能量的水平，同时会抑制那些在压力情境下不那么重要的生理机能，如消化、再生和生长。脱氢表雄酮能促进大脑生长，令大脑在经受压力体验后变强大，也会中和一些皮质醇的效果，能加速伤口愈合并增强免疫功能。这两种荷尔蒙的比例会影响压力的结果，尤其是长期压力的情况。过高的皮质醇会导致免疫系统受损，而更高水平的脱氢表雄酮则会提高焦虑、抑郁、心脏病等这些与压力相关的疾病的患病风险。一项

---

① ［美］凯利·麦格尼格尔：《自控力：和压力做朋友》，王鹏程译，2页，北京，北京联合出版公司，2017。

研究让被试参加群体面试，面试官会刻意给出负面评价，给被试制造压力。被试会在实验前观看一段关于压力的视频，一半被试观看的视频是压力如何提升表现、促进幸福、助人成长，另一半被试观看的视频是压力如何损害健康、幸福和工作表现。实验前后收集被试的唾液，以测量两种荷尔蒙的变化。结果发现，每位被试释放的皮质醇在群体面试中都提高了，而观看了压力有益的视频的被试，较观看了压力有害的视频的被试，释放了更多的脱氢表雄酮。[1] 这表明，对压力的不同认知会带来不同的生理反应。

聚焦压力的好处是能转化我们在生理及情绪上的反应，从而改变我们应对挑战的方式。认为压力有害，压力就是需要规避的东西，感受到压力就变成企图逃避或减压的信号，个体会努力使自己逃离压力源，容易使用酒精、网络或其他容易上瘾的东西以逃避压力。而认为压力有益的个体，则更可能积极主动地应对压力，他们更愿意接受压力事件和发生的事实，采取行动征服或改变压力源，能更好地利用情境，把它当作成长的机会。

教师如果能持有积极的压力思维，拥抱压力，将压力视作可以依靠的资源和成长的机会，而非要消灭的敌人，积极运用压力带来的能量，就能将压力转化为内生的学习动力，更加热情更加健康地工作、学习和生活。

(二)融入日常教学生活中的行动研究者

教师学习具有社会性，是嵌入教师工作情境中的教学活动。教学活动是教师学习的关键场域，在日常的教育教学活动中持续进行行动研究，对教师学习与成长至关重要。

1. 行动研究与教师学习

教师行动研究是教师以自身为实践与研究的双主体，为解决其自身在教育教学活动中所遇到的情境化问题或现实化遭遇，基于相关理论或理论上的指导且依据一定的行动路径所进行的、能提高自身对所从事的实务工作的理性认识、改进教育教学工作状态，最终促进自身专业发展的一种反思性研究，在本质上是一种基于真实

---

[1] [美]凯利·麦格尼格尔：《自控力：和压力做朋友》，王鹏程译，23~25页，北京，北京联合出版公司，2017。

情境与问题解决的意识性、内需式、自主化自我发展与教育教学实践认识活动。因此，教师行动研究具有实践性、反思性、双主体性、行动性、理论与实践结合性、合作性、情境性等特征。①

行动研究是教师出于自身需要而进行的，是教师为了解决实际工作中的问题，以研究的思路和方法探索解决问题的办法。在教育实践中，教师常常运用自己的经验来判断和解决问题。经验与研究有着重要的区别。经验是日常生活中常用的，但它建立在偶然事件之上，很难中立、有效地检验理论或知识。研究是对假设性命题进行系统的、控制的、批判的探究的过程。主观的、个人的信念必须比照客观的、经验的事实进行一种现实的检验。行动研究非常强调教师的"专业地位"，它鼓励教师成为持续学习者和终身学习者。行动研究虽然不是通用的万能药，无法解决教育改革中所有的棘手问题，但它是提高教师专业性的重要组成部分，是教师学习的一种重要途径。

行动研究是一个螺旋式的循环过程。一项行动研究包括几个步骤：提出研究问题—收集和分析数据，进一步明确问题—确定计划并行动—收集和分析数据，评估行动的有效性—反思并改进行动—继续收集和分析数据，评估行动的有效性—反思。从这个螺旋式的循环过程我们就能看出行动研究跟教师日常的经验反思有着重要不同，行动研究重视收集数据来评估问题、评估和检验行动的有效性，从而检验教育教学策略的有效性。

行动研究要求教师对每天的常规教学时时觉察和反思，积极主动地用研究的眼光检验自身的教育教学，以不断提高教育教学水平。行动研究鼓励教师深入观察教学动态，仔细分析学生的行为和互动情况，检验和挑战现有的习惯做法，尝试新的教学方法。当通过行动研究对自己和学生的行为有了新的理解，教师便能够决定哪些需要改变，哪些不需要改变；能够从经验中学习，哪怕是失败的经历；能够提出问题，并系统地找出答案。

我们通过对中小学教师学习现状的调查研究发现，82%的教师认为影响自己参加培训学习的最主要的因素是"工作太忙，培训时间与工作安排相冲突"，行动研

---

① 邓纯臻、杨卫安：《教师行动研究的功利性与非功利性：现实困境与应对之策》，载《学术探索》，2021(9)。

究作为教师在工作情境下进行的，与工作内容高度融合的教师学习方式，值得在教师中大力推行。

2. 破解教师行动研究的困境

行动研究使得教师以一颗好奇心来探索和检验自己的教学，不断提高自己的教育教学水平，并在这样持续的反思和实践中形成个人理论，工作和学习的动机在"解决问题—建构新图式或意义—付诸行动"的循环中得以激发和维持，减少职业倦怠。然而在现实中，我们发现教师很少能主动地、系统地进行行动研究，推进教师行动研究常常陷入困境。

究其原因，主要有以下几点。①教师主动研究的意识不够。一些教师认为研究是教学之外的工作，认为教师把课上好就行了，研究不是教师的主责。教师对研究的这种认知与学校的机构和文化有关，在一些学校的机构设置和人员设置上，教学和科研是两件平行且互不交叉的事情。②教师对行动研究的理解不够深入。一些教师将行动研究等同于课题研究，对行动研究感到畏惧，认为只有专业的研究者才能做行动研究；还有一些教师将行动研究等同于教学反思，虽然能够发现问题，做出改进，但是不能系统地收集数据，不能检验自己行动的有效性。③教师行动研究常常需要指导和合作，学校在这方面提供的指导和支持不足。

要走出这样的困境，使行动研究融入教师的日常工作生活，在教师层面，可以从以下几个方面着手。

一是转变对行动研究的认识。不把行动研究看作教学以外的负担，而是把行动研究看作教学的一部分，是促进教学的直接工具。教师在教学工作中尝试各种办法和策略来解决遇到的问题，如果能以研究为指导，对问题进行更深入的调查和分析，注意收集数据，来检验行动的结果，就能对问题有更深入的洞察，对行动策略的效果有更科学的评估，从而使自己的教育教学能力有实质性的提高。例如，一位数学教师因为总有学生不交或者少交作业而感到困扰，她认为这些学生学习态度不端正，计划采取的行动是与学生家长沟通，请家长多加督促。在参加行动研究的学习后，她决定先对学生不交或者少交作业的原因以及学生对数学学习的态度进行调查。通过问卷调查，她发现学生不能按要求完成作业的主要原因是作业难度高，部分学生对数学学习感到畏惧。她调整了最初的行动计划，决定改变作业的形式，将作业变成"作业超市"，有基础类题目，也有拓展类题目，学生可以自由选择完成，

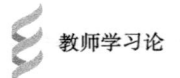

以提高学生完成作业的动机。为了树立学生学习数学的信心，她在作业反馈上，还会写上鼓励性的批语。一个月以后，再度统计学生的作业完成率，并调查学生对数学学习的态度，她发现作业完成率大幅提高了，学生对数学学习的信心也有所提高。但同时发现，部分学生只选做最基础的题目，回避有难度的题目，于是她思考如何改进，进入了行动研究的下一个循环。从这个例子可以看出，行动研究是促进教师反思的有力的思维工具，是实现"工作学习化"和"学习工作化"的最佳载体。

二是与理论学习有机结合。教师需要加强相关理论的学习，这使得教师的行动研究和工作改进能够站在理论的高度，增加洞察，打开思路，不再只停留在经验的层面。我们在推动教师行动研究的过程中发现，如果不能在理论思考上有所提高，那么教师的行动研究往往只是经验的复刻，并不能带来新的洞察。因此，教师行动研究要与教师的理论学习有机结合起来，在学习理论的同时，以行动研究来开展系统性地探索。

三是树立行动研究的信心。行动研究还需要教师具备一些基本的收集和分析数据的技能，但一般不需要高级统计分析，以便教师都能掌握。教师要树立信心，只要进行必要的学习，完全可以掌握行动研究的方法。

四是积极寻求同伴和专家支持。教师行动研究不是单枪匹马地进行，常常需要同伴和专家的支持。例如，教师需要同事来帮助观察自己的课堂，需要与同事进行讨论、分享和思维碰撞，需要专家的理论和实践指导。教师要积极改造自己的小环境，积极寻求同事和学校的支持，也带动更多教师走进行动研究。

（三）正式学习和非正式学习的整合者

教师经常参加的由相关部门或学校组织的培训、教研活动等场域中的学习属于正式学习。除了正式学习，还有教师自主进行的各种非正式场域中的学习。非正式学习是教师在工作和生活中，以提升专业能力为目的的，自我组织、自我决定、自我激励的学习活动，如请教同事、主动地课堂观摩、读书、网络浏览文章、写教育反思等。整合正式和非正式场域中的学习对教师成长也至关重要。

我们对中小学教师学习方式进行的调查研究发现，教师认为对自己影响最大的学习形式，排名第一的是"自主学习"，然后是校内外教研活动和教师培训项目。可见，非正式学习在教师学习中具有非常重要的位置。

正式学习一般是组织教师针对特定领域进行较为系统的理论学习，具有较好的系统性、结构化等特点；非正式学习具有灵活性、随机性、非结构性、自我激励等特点。教师如果能有意识地将正式学习和非正式学习进行整合，使两者互相补充，互相裨益，将能极大地提高学习的效率，更好地促进自身发展。

1. 学习内容上的整合性思考

正式学习的内容围绕既定的主题系统地展开，非正式学习的内容常常具有随机性、散点性的特点。正式学习和非正式学习在内容上可以相互补充。对正式学习中感兴趣的内容可以在非正式学习中进一步拓展，在非正式学习中发现的兴趣点，可以激发教师选择培训课程等正式学习途径，进行系统的学习。

学习内容上的整合，意味着教师在非正式学习中，要有目的、有计划地选择学习内容，但这并不像说起来那么简单。随着信息技术、智能手机和自媒体的飞速发展，从社交软件、短视频App等媒体上浏览文章、视频，获取信息，已逐渐成为教师非正式学习中的重要组成部分。这种非正式学习方式使得教师可以在高压力、快节奏的生活中，利用碎片时间随时随地地进行学习，突破正式学习的时空界限，这已成为学习型社会的一种独特的学习方式。但是，这也使得人们容易淹没在信息的洪流之中。当前很多媒体平台都会向用户推送内容，这些平台通过短视频、图片、音频等形式，将与人们工作、生活相似的情境内容以更通俗易懂且诙谐幽默的方式呈现出来，在一定程度上迎合了人们对碎片化学习内容的选择取向。尤其是各种短视频平台，不停地一条一条地推送，教师如果没有主动选择的定力，就会被信息洪流所裹挟，难以为自己的学习目的服务。这也是非正式学习中"自主决定"的悖论。教师的非正式学习无须他人的要求、安排、组织，学习的结果也没有机构或他人进行正规的认证或评价，完全出于教师自我发展的需要，出于教师自主寻找学习机会进行学习。看上去，教师的非正式学习是"自我决定"的，但如果教师沉浸在各种媒体平台推送的文章、视频、信息当中，那教师的学习其实是被媒体平台所控制的，并不是真正的"自我决定"。

2. 思维方法上的整合提升

要将正式学习和非正式学习打通，还需要教师在思维方法做整合提升。一个重要的思维提升是结构化思维的提升。

在正式学习中，教师需要运用结构化思维将学习的内容构建知识体系，与已有的知识建立关联，与工作实际建立关联，并能运用到教育教学的实际改进中。在非正式学习中，结构化思维更加重要。因为非正式学习是碎片化的，尤其是在当下的自媒体时代。教师利用碎片时间进行各种非正式学习，学习的内容常常是碎片化的，例如，在社交软件上浏览文章，在短视频平台浏览视频，上一条内容和下一条内容之间没有任何联系。在这种碎片化的学习下，教师会发现，好像学习了很多内容，但记住的内容很少。这是因为，我们的大脑并不擅长记忆碎片化的信息。美国教育心理学家布鲁纳曾这样说道："关于人类记忆，经过一个世纪的充分研究，得出的最基本的一点就是：细节的东西，除非放进构造良好的模式当中，否则很快就会被忘记。"①只有运用结构化思维，建立知识之间的联系，才能将非正式学习和正式学习的内容建立起联系，形成知识结构，才可能实现正式学习和非正式学习的整合。

要提升结构化思维，教师需要将在正式学习和非正式学习中获取的知识与信息按照主题进行及时的分类整理，不断丰富同一主题下的内容并经常复看，形成完整的知识模块。要联系头脑中已有的知识，就要联系自身的教育实践进行思考、探索和行动。深入的教育反思也是提升结构化思维的有效方式，教师要对教育问题和教育规律进行深入的反思，在不断的理论反思和实践探索中逐步形成自己的教育教学思想。

二、多场域教师学习支持体系

研究者认为教师学习是一个复杂的系统，这个复杂系统包括多个子系统，如学习过程、学习过程的情感维度、学习倾向、学习路径、学习情境和学习效果，这些子系统既相互配合又相互制衡关联，保证教师学习系统生态、有效地运转。② 这个复杂系统意味着教师学习需要一定的文化场域，这种场域也构成了教师学习的复杂

---

① ［美］杰罗姆·布鲁纳：《布鲁纳教育文化观》，宋文里、黄小鹏译，37页，北京，首都师范大学出版社，2011。

② 朱旭东、裴淼等：《教师学习模式研究：中国的经验》，386页，北京，北京师范大学出版社，2017。

系统。学习共同体其实就是"一个社会的浓缩领域，它具有社会文化属性"①。我们认为构建教师学习共同体，有助于为教师学习提供良好的支持体系。构建学习共同体对于教师学习的积极意义，主要来自学习共同体的精神价值。首先，学习共同体强调共享的价值观与信念。在学习共同体中，每个成员不简单是在特定时间为具体需求而走到一起的，而是有着共同的学习愿望，具有特定的身份或角色，带着一种认同、归属心理积极负责地参与共同体的学习生活，所以每个成员的思想、意志、观念都要经历个体内化、社会认同等过程，并逐步形成群体的共同文化价值，形成的共同体文化可以规范共同体成员的行为。② 同时，学习共同体对身份建构、归属感和集体智慧的重视，也意味着其对教师学习与成长的积极价值。③④

我们认为教师学习共同体应该是多层级的，覆盖教师工作学习所涉及的所有场域。这个多层级场域应该包括三个层次：第一个层次是教研组织层面的学习场域，第二个层次是学校层面的教师学习场域，第三个层次是校外的教师学习场域。这个三级教师学习共同体共同构成了多场域的教师学习支持体系，场域结构图如图 5-1 所示。

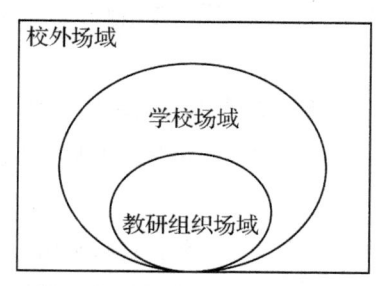

图 5-1 基于三级教师学习共同体的多场域教师学习支持体系

基于三级教师学习共同体的多场域教师学习支持体系，可以为教师学习创设相互支持、相互合作的学习氛围，使教师在集体学习中增进专业智慧，在参与中促进

---

① 冯锐、金婧：《学习共同体的思想形成与发展》，载《电化教育研究》，2007(3)。
② 冯锐、金婧：《学习共同体的思想形成与发展》，载《电化教育研究》，2007(3)。
③ 张志旻、赵世奎、任之光等：《共同体的界定、内涵及其生成——共同体研究综述》，载《科学学与科学技术管理》，2010(10)。
④ 冯锐、金婧：《学习共同体的思想形成与发展》，载《电化教育研究》，2007(3)。

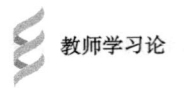

专业身份认同。

(一) 构建教研组织场域的教师学习支持体系

教研组织场域的教师学习支持体系是第一级教师学习共同体，也是最基础层面的教师学习共同体。基层教研组织，如教研组、备课组、年级组、课题组、项目组等是教师直接接触的学习集体，尤其是教研组，它是每一位教师在整个教师职业生涯中都要直接接触的基层组织。教研组是我国特有教研制度下的产物，它并不能简单地等同于教师学习共同体。因为教研组本身并不是单纯的教师学习组织。它是学校的一级行政组织，也是教师政治学习的组织，换句话说，教研组兼具行政、政治职能。[1] 毋庸置疑，教研组对我国教师队伍建设具有重要意义。近年来，我们的教研制度在国际社会上也获得了广泛关注。但是，不得不面对的是我们现有教研组织内的教师学习并不都是有效的，如教研活动流于形式、教师参与积极性不高、权威教师"一言堂"等问题都是存在的。关于教研组发展中的问题，我们在前面章节已经论述过，这里就不再重述。为了应对教研组织目前存在的这些问题，我们认为只有从教师学习共同体的视角建设教研组织，才能够更好地构建出教研组织场域内的教师学习支持体系。

首先，教师和学校管理者要改变观念，强调教研组织的专业性。专业性组织和行政性组织是不同的。教研组织的本质应该是为教师专业发展服务，而不是为学校管理服务。

其次，在教研组、年级组、备课组之外，在教师自愿的基础上，发展多样化的教研组织。这样的教研组织应该是：教师自愿和自由参加的，教师在其中的学习研究都是自主进行的，教师之间的沟通交流是平等和开放的，同伴之间是相互信任的。[2] 这样的教研组织可以打破传统教研组织的学科边界，促成不同学科、不同年级教师的异质交流。

此外，要提高教研组织领导者的领导力。当前一些教研活动效率低下，有一部分原因是教研组长的领导能力不足。高效的学习活动，需要组织者具备一定的领导

---

[1] 刘群英：《我国中小学教研组研究——从历史发展的角度》，硕士学位论文，华东师范大学，2007。

[2] 胡惠闵：《教师专业发展背景下的学校教研组》，载《全球教育展望》，2005(7)。

能力，使用一定的领导策略。这就需要我们对这部分人群进行专业培训，以提升其学习领导力。

（二）构建学校场域的教师学习支持体系

学校场域的教师学习支持体系是第二级教师学习共同体，属于学校层面的学习共同体建设。学校既是教师日常工作和生活的场所，也是教师学习的重要场域。构建学校层面的教师学习共同体，可以为教师学习提供学校场域内的支持体系。针对目前我国学校在教师学习共同体建设中存在的问题，我们认为在构建学校层面的教师学习共同体时，应该从校长领导、愿景共识、学校文化、制度建设四个方面采取策略。

首先，校长要转变观念，提升教师学习领导力。实证研究显示，校长在学校层面的教师学习共同体建设中发挥着至关重要的作用。[1] 校长先要理解教师学习共同体的精神内涵。之后，需要转换领导方式，改变传统的英雄式领导，积极使用分布式领导和变革型领导方式，发挥中层干部和优秀教师的领导力，尊重教师的专业自主权，赋权教师，支持教师参与学校决策。

其次，学校应该着力于形成愿景共识。共同的价值观和愿景是学习共同体形成的基础。校长应该就学校的教育教学愿景，积极与教师进行沟通，听取教师的意见，在充分沟通的基础上凝聚出大家都认可的办学愿景。只有教师接受并认可了办学愿景，这些愿景最终才能落实到教师的课堂中。

再次，学校应该加强文化建设。学校应该积极营造相互信任、相互支持的学校文化。学习共同体发展的基础之一就是成员之间有紧密信任的关系。如果校长与教师之间，教师与教师之间，教师与学生之间，学生与学生之间彼此不信任，是不可能形成真正的学习共同体的。基于此，学校应该注重文化建设，为教师学习营造一个良好的氛围。

最后，学校应该加强教师学习制度建设。教师学习需要组织提供制度保障[2]，

---

[1] 张平平、胡咏梅：《中小学校长领导力对教师专业合作行为的影响》，载《湖南师范大学教育科学学报》，2018(5)。

[2] S. M. Hord, *Professional learning communities: Communities of continuous inquiry and improvement*, Austin, Southwest Educational Development Laboratory, 1997, pp. 13-14.

包括为教师学习提供场地和经费支持,确保教师学习的时间。我们通过实证研究发现,制约教师参与学习活动的最主要因素是没有充足的学习时间。因此,如何通过组织制度建设,为教师提供充足的学习时间,是学校必须做的事情。

(三)构建校外场域的教师学习支持体系

校外场域教师学习支持体系是第三级的教师学习共同体。这个学习共同体的本质是为教师营造良好的校外生态环境。近年来,我国逐步确定了国家、省、市、县、校五级教研工作体系。在这个教研体系下,校外的上级教研机构一般既对基层教师有业务指导和管理职能,也发挥着上传下达的沟通、协调和反馈职能。[①] 这里我们所说的校外场域,除了教研机构,还有教育行政部门以及大学、教育学院、科研机构等与教师校外学习密切相关的各类教育组织。这些组织是教师校外学习主要接触的场域,与教师发生互动的群体主要涉及教育行政部门管理人员和专家(包括教研员、高校教师、教师培训者)。我们认为,要构建校外场域的教师学习支持体系,需要各级各类相关教育机构和人员的通力合作,只有这样才能为教师营造良好的学习生态系统。

首先,教育行政部门应该为教师校外学习提供制度和资源保障。教师走出学校参加校外的各级各类专业学习活动,有助于拓宽视野,激发学习的积极性。将不同学校的教师聚集到一起进行集体学习,也有助于打破学校边界,促进校际对话。但是,这种学习方式通常需要上级教育行政部门大力支持,给予学校和教师一定的制度和资源保障,才有可能实现。因此,教育行政部门应该在这方面发挥更大作用。

其次,以高校教师或教研员为主体的校外专家应该转变观念,尊重教师的专业主体性和主动性。在与一线教师互动中,校外专家应该理解教师知识的缄默性,通过平等的反思性对话,促进教师的知识转化。

另外,教师培训者应该优化培训设计,提高教师培训的有效性。我们通过实证研究发现,教师认为对自己影响很大的前几个学习方式依次是:自主学习、校内教

---

① 王艳玲、胡惠闵:《从三级到五级:我国基础教育教研制度建设的进展与问题》,载《全球教育展望》,2020(12)。

研组日常教研活动、"师带徒"活动、跨校的教研活动、市/区级教师培训项目、校本教师培训项目。这一结果说明，市/区级教师培训项目也对教师专业成长有重要意义。因此，教师培训者应该着力提升教师培训活动和教研活动设计的有效性，优化培训设计，通过有效培训真正地促进教师学习与成长。

教师学习与成长是一个复杂的过程。为教师提供多场域的学习支持体系，可以为教师学习构建良好的教育生态系统。当然，我们也知道，教师学习不是一蹴而就的，未来我们会继续跟踪教师学习的最新研究成果和实践探索，以期为新时代教师学习和我国基础教育发展作出贡献。

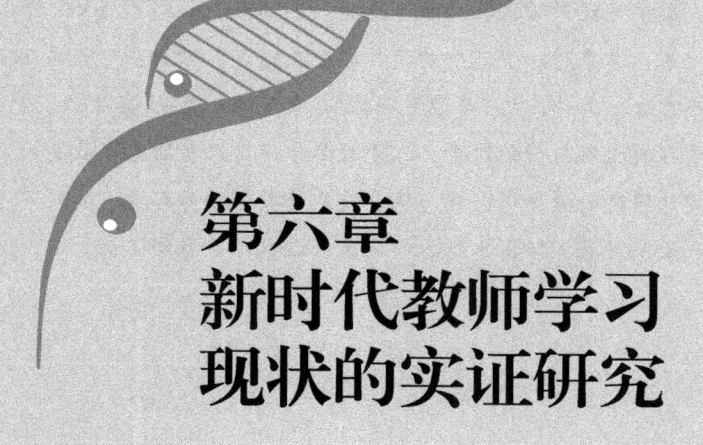

第六章
新时代教师学习现状的实证研究

本章概述

本章呈现新时代教师学习现状的实证研究。基于1066份北京市中小学教师调查问卷，本章对以下三个方面的调查数据进行分析：一是北京市教师工作现状(工作满意度、工作压力)与学习现状(学习动机、学习能动性、学习投入等)；二是教师学习的阻碍与制约因素；三是教师学习需求与所需专业支持。基于上述三个方面的实证研究数据分析，进而从营造良好教师学习环境、激发学习动机、构建学习生态及专业发展支持体系等方面提出促进教师学习的建议。

第一节 研究设计

本次调研主要采用量化研究方式进行，通过问卷收集研究资料。调研主要通过了解教师工作情况与学习现状，探讨教师的学习动机、学习能动性、学习投入，以及影响或阻碍教师学习的因素，进而基于改革需要和教师学习需求，为教师提供适切的专业支持服务。

本次问卷调查对象是北京市公立学校在编在岗教师，包括小学、初中以及高中3个学段。本次调研采用网络匿名调查的形式收集问卷，共回收 1224 份问卷，有效问卷 1066 份，有效率为 87.1%。参与本次调查的教师的基本情况如表 6-1 所示。研究数据分析主要使用 SPSS 软件进行描述性分析和差异分析。

表 6-1 参与调查的教师的基本情况　　　　单位：%

项目	选项	百分比
性别	女	77.1
	男	22.9
年龄	35 岁及以下	41.8
	35~45 岁	30.9
	45 岁及以上	27.3
最高学历	专科	1.9
	师范类本科	51.6
	非师范类本科	24.6
	硕士及以上	21.9

续表

项目	选项	百分比
所教学段[a]	小学	44.6
	初中	27.4
	高中	26.9
职称	初级及以下	38.0
	中级	41.4
	高级及以上	20.6

注：[a] 表示由于此项存在缺失值，其累计百分比不足100%。

第二节 研究结果

一、教师工作现状

（一）工作满意度

本次调查考查了教师对工作满意度的感知。教师对"总的来说，我对自己的工作感到满意"一题回答的均值为4.83。具体百分比如图6-1所示。可以看出，将近50%的教师选择"同意"，另外选择"有点同意"和"非常同意"的教师占比分别为17.9%和23.3%。选择"不同意"的教师占比较低，选择了"非常不同意"、"不同意"和"有点不同意"的教师仅占9.0%。

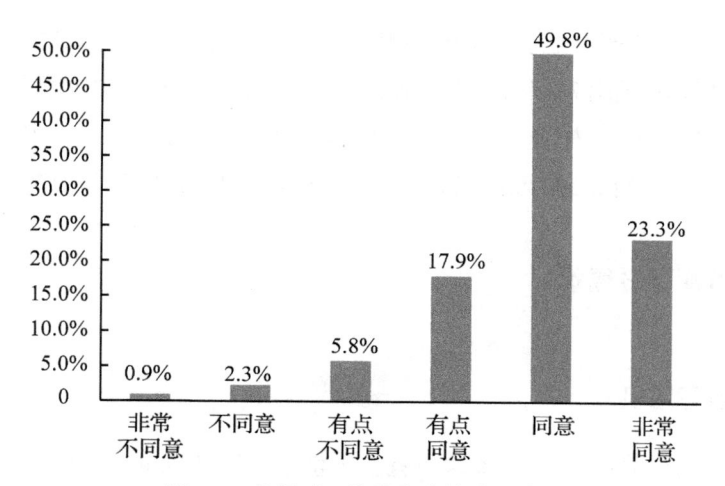

图 6-1 教师对工作满意度的感知情况

（二）工作压力

对于"我认为自己承担的工作压力在正常范围内"一题回答的均值为 3.79（$SD=1.458$）。具体百分比如图 6-2 所示。可以看出，有 30.5% 的教师选择"同意"，另外选择"有点同意"和"非常同意"的教师占比分别为 21.0% 和 9.3%。不过，也有 9.0% 的教师选择"非常不同意"，选择"不同意"和"有点不同意"的教师占比为 30.2%。

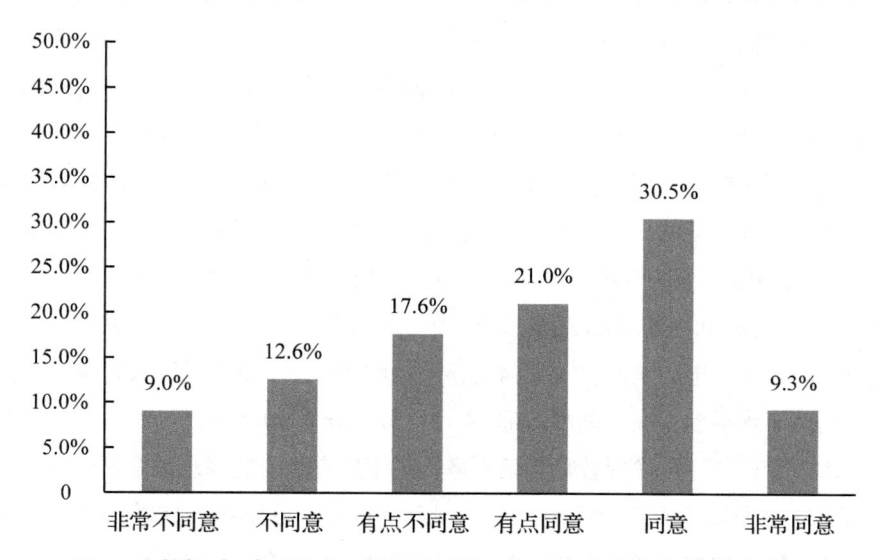

图 6-2 教师对"我认为自己承担的工作压力在正常范围内"的感知情况

总体而言，调研结果显示，91.0% 的教师对自己的工作表示满意(选择"有点同意""非常同意""同意"的比例之和)。关于面临的工作压力，有 60.8% 的教师认为自己承担的工作压力在正常范围内(选择"有点同意""同意""非常同意"的比例之和)。换言之，有 39.2% 的教师认为自己承担的工作压力不在正常范围内，感受到较大压力。

二、教师学习现状

(一)学习动机

为了解教师的学习动机，本次调查基于学生学习动机量表，结合教师学习情境，设计了教师学习动机量表，共 14 个题目，分为 4 个维度，即外部调节、内摄调节、认同调节、内部动机。外部调节表示教师参与专业学习主要是基于外界压力和要求。内摄调节表示教师参与专业学习是为了维持自尊等个人内部需求。认同调节表示教师参与专业学习是因为认同学习的重要性。内部动机表示教师参与专业学习是出于对工作本身的热爱。外部调节、内摄调节、认同调节，再到内部动机，代表的动机内化程度依次提高。

结果如表 6-2 所示，教师学习动机得分均值从高到低依次是认同调节(均值为 5.29)、内部动机(均值为 5.10)、外部调节(均值为 3.16)、内摄调节(均值为 3.05)。进一步的差异分析结果显示，外部调节存在性别差异，男教师的外部调节显著高于女教师($F = 4.820$, $p = 0.029$)。内部动机存在年龄差异($Z = 6.166$, $p = 0.046$)。两两比较结果显示，35 岁及以下教师的内部动机显著强于 45 岁及以上教师($Z = 2.388$, $p = 0.017$)。职称不同的教师群体内摄调节存在一定的差异($F = 4.355$, $p = 0.013$)。进一步分析的结果表明，初级及以下职称的教师内摄调节得分显著高于中级($p = 0.006$)和高级及以上教师($p = 0.037$)。学段不同的教师群体在认同调节方面存在一定的差异($Z = 9.841$, $p = 0.007$)，进一步两两比较发现，小学教师的认同调节水平显著高于高中教师($Z = 3.137$, $p = 0.002$)。

总体来看，本研究发现教师学习更多是出于自身的内在需求以及对学习重要性的认同。35 岁及以下青年教师的内在学习动机最高。这意味着在教师培训中应该重视这部分群体的内在学习需求，多为他们提供学习机会，支持其专业成长。

表 6-2 教师学习动机的均值和差异检验

		样本量 (N)/人	外部调节 均值	外部调节 标准差	外部调节 F	内摄调节 均值	内摄调节 标准差	内摄调节 F	认同调节 均值	认同调节 标准差	认同调节 Z	内部动机 均值	内部动机 标准差	内部动机 Z
总体		1066	3.16	1.198	—	3.05	1.188	—	5.29	0.747	—	5.10	0.871	—
性别	男	244	3.30	1.266	4.820*	3.18	1.277	3.809	5.18	0.873	1.868	4.97	1.009	1.654
	女	822	3.11	1.174		3.01	1.159		5.33	0.703		5.13	0.823	
年龄	35 岁及以下	446	3.20	1.178	0.655	3.10	1.220	0.766	5.32	0.728	5.115	5.15	0.859	6.166*
	35~45 岁	329	3.11	1.190		3.00	1.178		5.35	0.677		5.14	0.811	
	45 岁及以上	291	3.13	1.237		3.03	1.152		5.18	0.838		4.97	0.944	
职称	初级及以下	405	3.24	1.162	1.647	3.18	1.223	4.355*	5.32	0.723	0.992	5.17	0.837	5.117
	中级	441	3.11	1.207		2.96	1.157		5.28	0.752		5.06	0.864	
	高级及以上	220	3.09	1.241		2.98	1.167		5.26	0.782		5.04	0.941	
学段	小学	475	3.10	1.214	2.520	3.00	1.235	0.976	5.35	0.723	9.841**	5.13	0.856	3.748
	初中	292	3.13	1.157		3.05	1.178		5.30	0.752		5.10	0.869	
	高中	287	3.29	1.212		3.13	1.116		5.18	0.772		5.01	0.898	

注：*$p<0.05$，**$p<0.01$；因为参与调查的教师中有 12 名未明确填写自己的学段信息，因此学段样本总量为 1054；基于变量的分布检验结果，外部动机和内摄调节的差异检验使用方差分析法，认同调节和内部动机使用非参数检验法。

(二)学习能动性

教师的专业学习与发展受环境因素影响。能动性反映教师在一定环境下积极行动的潜力或能力。教师能动性(teacher agency)是指教师凭借专业能力在教育教学中做出决定和选择,通过采取专业行动对教育事件施加影响,并最终取得成效的一种行动状态。① 国内研究主要集中于一定情境中的教师能动性,如教师的专业发展能动性。② 本研究关注教师的学习能动性,即教师在工作中,能够通过采取专业学习行动对教育事件施加影响,并最终取得成效的一种行动状态。实证研究显示,教师能动性显著影响教师的工作态度,如工作满意度③、工作投入④。

本次调查使用刘胜男等学者编制的问卷测量教师学习能动性⑤,共 16 道题目,典型的测量题目如"在繁忙的时期,我继续在工作中学习""我能创造条件与方法来应对各种制约(如时间、资金及行政问题等),进行持续的专业学习"。调查结果如表 6-3 所示。可以看出,教师的学习能动性处于中等偏上水平,均值为 4.87,标准差为 0.681。不同职称的教师之间的学习能动性存在差异($F = 3.060$,$p = 0.047$)。事后检验的结果表明,初级及以下教师的学习能动性显著高于中级教师的学习能动性($p = 0.025$)。

表 6-3　教师学习能动性均值和差异分析

		样本量 (N)/人	学习能动性 均值	标准差	F
总体		1066	4.87	0.681	—
性别	男	244	4.88	0.712	0.109
	女	822	4.87	0.672	

---

① 桑国元、叶碧欣、黄嘉莉:《教师能动性:内涵、维度与测量》,载《中国教育政策评论》,2019。
② 张娜:《教师专业发展能动性量表的研制》,载《心理研究》,2012(3)。
③ 贺文洁、李琼、穆洪华:《学校文化氛围对乡村教师工作满意度的影响:教师能动性的中介作用》,载《教师教育研究》,2018(3)。
④ 王晓丽、齐亚静、姚建欣:《乡村教师教学自主权对专业发展能动性的影响:工作投入的中介作用》,载《中国特殊教育》,2018(11)。
⑤ S. Liu, P. Hallinger and D. Feng, "Supporting the professional learning of teachers in China: Does principal leadership make a difference?" *Teaching and Teacher Education*, 2016, 59.

续表

		样本量 (N)/人	学习能动性		F
			均值	标准差	
年龄	35 岁及以下	446	4.88	0.684	0.530
	35~45 岁	329	4.89	0.665	
	45 岁及以上	291	4.84	0.696	
职称	初级及以下	405	4.91	0.684	3.060*
	中级	441	4.81	0.691	
	高级及以上	220	4.91	0.649	
所教学段	小学	475	4.90	0.697	1.177
	初中	292	4.84	0.672	
	高中	287	4.83	0.670	

注：*表示 $p<0.05$。

（三）学习投入

1. 学习活动形式及其学习效果

就教师学习投入的活动形式而言，我们研究调查了教师参与过的不同形式的专业学习活动，并着重了解相应活动对其教育教学有多大程度的积极影响。具体结果如表 6-4 所示。

可以看出，教师认为对自己影响很大的学习形式中，位居前六位的依次是：自主学习（41.5%）、校内教研组日常教研活动（40.6%）、"师带徒"活动（38.4%）、跨校的教研活动（34.7%）、市/区级教师培训项目（34.1%）、校本教师培训项目（32.5%）。由此可见，教师的自主学习对其自身成长的影响最大，教育主管部门、教师专业发展机构以及学校应该为教师自主学习提供更多的资源和平台。同时，要加强教研活动，一方面学校应该加强校内日常教研活动和师徒带教活动；另一方面可以通过教师轮岗交流机制，通过跨校教研活动，为教师提供更多基于日常工作的跨校学习机会。此外，有必要进一步强化市、区、校三级培训，为教师提供更多的市/区级培训项目和校本培训项目。

表 6-4　教师学习活动形式及其效果　　　　　　　　　单位:%

教师学习活动形式	没有参加过	没有影响	影响很小	影响中等	影响很大
自主学习	2.6	2.7	13.2	40.0	41.5
校内教研组日常教研活动	0.9	3.6	13.8	41.1	40.6
"师带徒"活动	21.5	2.7	8.7	28.7	38.4
跨校的教研活动	8.5	2.4	12.4	42.0	34.7
市/区级教师培训项目	17.3	3.1	11.0	34.5	34.1
校本教师培训项目	8.4	5.1	18.5	35.5	32.5
线上网络课程学习	5.0	6.2	18.3	38.4	32.1
课题研究	18.8	4.8	14.0	30.9	31.5
赛课	30.1	3.3	10.1	25.1	31.4
课例研究	18.9	4.4	10.2	35.2	31.3
学术会议	36.6	2.9	10.5	25.0	25.0
名师工作室/工作坊	43.2	2.6	7.7	22.4	24.1
学历提升	59.7	1.9	5.5	15.3	17.6
访学	63.0	2.2	4.5	15.1	15.2

2. 学习内容及其学习效果

就教师学习投入的内容而言，我们研究调查了教师参与过的学习内容及其对自身教育教学的积极影响。调研结果如表 6-5 所示，"所教学科的教学方法""教师职业道德与理想""教育改革形势与发展趋势"等培训内容受众更广，影响也更大。"人文科学、自然科学等通识类知识"和"学校管理方面的理论知识与技能"等方面的培训受众则较少，且影响也比较小（选择"影响很大"的教师占比分别为 24.8% 和 22.8%）。

从表 6-5 中可以看出，教师没有参加过的学习领域中，接触最少的内容主要涉及以下几个方面。①学生领域："学生行为与课堂管理""学生评价""学生心理""针对有特殊需要的学生的教学""学生生涯发展指导"等。②教学领域："作业设计的知识与技能""跨学科、跨课程领域的教学技能"等。③教师身心健康："教师自我心理调适"等。教师较少学习的内容，恰恰是当前教育改革尤其重视的内容，如以学生为中心、课程与教学改革、评价等。在未来提供学习内容时，相关机构需要对教师学习资源的内容领域做进一步的开发与拓展。

表 6-5　教师学习内容及其效果　　　　　　　　　　　　　　　单位:%

教师学习内容	没有参加过	没有影响	影响很小	影响中等	影响很大
所教学科的教学方法	5.5	2.6	11.9	39.4	40.5
教师职业道德与理想	5.1	4.5	14.2	35.7	40.5
基于核心素养的学科教学	4.8	4.2	13.9	38.4	38.7
教育改革形势与发展趋势	6.8	2.6	13.1	36.6	40.8
学科单元教学的知识与技能	5.7	3.5	13.8	39.4	38.0
所教学科的知识与前沿理论	7.7	3.2	13.4	36.3	39.4
在线教学的知识与技能	12.1	4.4	14.2	34.9	34.4
教学所需的信息技术应用能力	13.0	3.1	14.5	35.4	34.0
教育研究方法与课题研究	14.1	4.4	15.3	35.6	30.7
基于个性化学习的教学知识与技能	17.7	3.8	12.3	33.8	32.5
学生行为与课堂管理	18.6	3.8	12.3	33.0	32.4
学生评价	18.9	4.2	11.7	34.1	31.1
作业设计的知识与技能	19.5	3.7	13.1	32.3	31.4
跨学科、跨课程领域的教学技能	20.4	3.3	14.0	30.9	31.5
学生心理	24.5	2.8	10.5	32.4	29.8
课程开发的知识	24.3	3.3	12.8	29.5	30.2
针对有特殊需要的学生的教学	29.8	4.1	11.3	28.0	26.8
教师自我心理调适	30.0	4.5	11.1	27.5	26.9
学生生涯发展指导	31.7	3.4	9.8	29.0	26.1
人文科学、自然科学等通识类知识	33.7	4.3	11.0	26.3	24.8
学校管理方面的理论知识与技能	38.9	4.5	8.7	25.0	22.8
其他	68.3	2.3	6.5	12.7	10.2

三、教师学习阻碍

(一)制约因素

根据调查结果(图 6-3),82.8% 的教师认为影响自己参加培训与学习的最主要因素为"工作太忙,培训时间与工作安排相冲突"。40.6% 的教师认为最主要的因素是"缺乏自主选择权"。31.3% 的教师认为是"培训没有针对性、没效果"。由此可以看出,影响教师参与学习活动的最主要因素是工学矛盾,教师没有充足的学习时间。

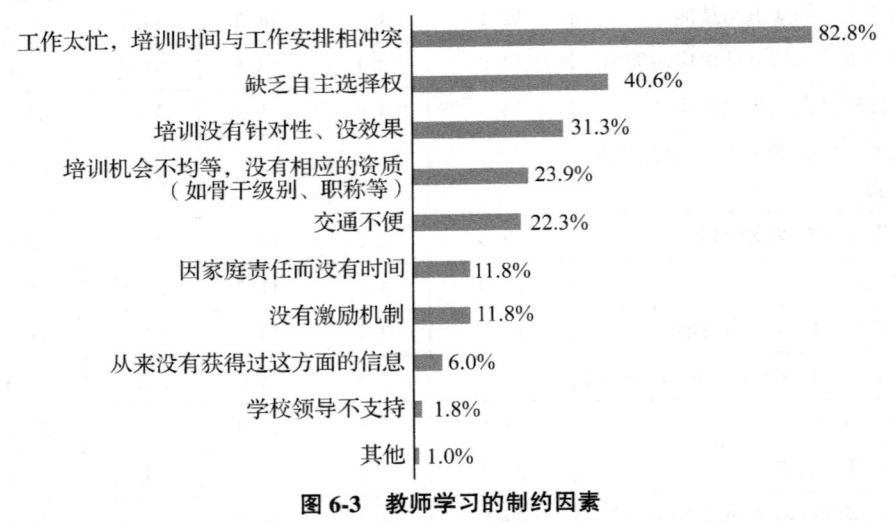

制约因素	比例
工作太忙,培训时间与工作安排相冲突	82.8%
缺乏自主选择权	40.6%
培训没有针对性、没效果	31.3%
培训机会不均等,没有相应的资质(如骨干级别、职称等)	23.9%
交通不便	22.3%
因家庭责任而没有时间	11.8%
没有激励机制	11.8%
从来没有获得过这方面的信息	6.0%
学校领导不支持	1.8%
其他	1.0%

图 6-3 教师学习的制约因素

(二)工作时间

我们研究调查了教师每周的工作时间,结果如表 6-6 所示。可以看出,从工作时间来看,参与调查的教师总体每周工作时间为 56.47 小时。其中,高中教师每周平均工作时间高达 61.76 小时,小学教师每周平均工作时间为 56.71 小时,初中教师每周平均工作时间为 51.50 小时,远超出一周 40 小时的工作时长。

表 6-6　各学段教师一周工作时间

	总体 均值	总体 标准差	小学 均值	小学 标准差	初中 均值	初中 标准差	高中 均值	高中 标准差
上课教学	7.64	2.876	8.65	2.857	6.93	2.522	6.75	2.410
备课	12.95	11.006	10.37	9.224	12.04	8.171	18.57	13.935
研讨/教研	4.21	3.748	3.95	3.493	4.49	4.509	4.48	3.270
批改学生作业	6.89	5.552	6.51	5.411	6.60	4.810	8.00	6.362
学生辅导与指导	4.72	3.866	4.52	3.945	4.65	3.659	5.26	3.945
跟班	6.31	8.014	7.42	7.980	4.97	6.418	5.48	8.303
与家长沟通	2.32	2.760	2.94	3.318	1.94	1.967	1.69	2.187
社团活动	2.64	4.829	3.47	5.601	1.94	2.163	2.05	5.304
课后服务	3.76	3.757	3.98	2.947	2.94	2.554	4.35	5.519
自主学习	4.09	3.529	3.82	3.262	4.12	3.518	4.50	3.901
其他	0.93	3.937	1.06	4.019	0.88	4.248	0.63	2.453
周工作时间(总)	56.47	23.310	56.71	22.616	51.50	21.153	61.76	24.975

教师工作时间的具体分配情况见表 6-7。就工作时间分配而言，备课、上课教学、批改学生作业、学生辅导与指导、研讨/教研是各学段教师的主要工作内容，教师在上述教学工作上所花费的时间占其工作总时间的 59%~70%。除此之外，教师跟班时间占比 8.87%~13.09%，课后服务时间占比 5.71%~7.05%，这两项工作占教师总工作时间的 15%~21%。尤其是小学老师，在跟班和课后服务上需要花费的时间累计占比达到了 20.11%。

表 6-7　各学段教师工作时间分配　　　　　　　　　单位:%

学段	上课教学	备课	研讨/教研	批改学生作业	学生辅导与指导	跟班	与家长沟通	社团活动	课后服务	自主学习	其他
小学	15.26	18.28	6.97	11.49	7.97	13.09	5.19	6.12	7.02	6.74	1.87
初中	13.46	23.38	8.71	12.83	9.02	9.65	3.76	3.76	5.71	8.01	1.71
高中	10.93	30.07	7.25	12.96	8.52	8.87	2.73	3.32	7.05	7.29	1.01
总体	13.54	22.94	7.46	12.20	8.36	11.18	4.10	4.68	6.65	7.24	1.65

从表 6-7 也可以看出，课后服务工作是教师面临的新挑战。2021 年"双减"政

策实施后，在课后服务时间上，小学教师一周课后服务的时间平均为3.98小时，初中教师一周课后服务的时间平均为2.94小时。从课后服务的时间占比来看，在小学，教师课后服务时间占比7.02%，已经超过了教师每周用于教研/研讨的时间（6.97%）。与问卷调查的结果相一致，在对一线小学校长和教师的访谈中，我们发现，教师普遍反映的一个问题是，目前课后服务时间会影响甚至挤占教研时间，导致没有时间进行集体教研。在初中，教师课后服务时间占比5.71%，接近每周用于研讨/教研的时间（8.71%）。教师工作时间的明显增加，也进一步加剧了教师学习投入中的工学矛盾。

四、教师学习所需支持

（一）教师学习内容需求

我们研究调查了教师未来的专业学习需求，结果如表6-8所示。可以看出，教师"非常需要"的学习内容主要包含所教学科的教学方法、教师自我心理调适、基于核心素养的学科教学、学科单元教学的知识与技能、所教学科的知识与前沿理论、作业设计的知识与技能、基于个性化学习的教学知识与技能、学生行为与课堂管理、学生心理、学生评价等。

表6-8 教师学习内容需求   单位:%

教师学习内容	目前没有需要	较少需要	中等程度需要	非常需要
所教学科的教学方法	3.3	9.0	36.9	50.8
教师自我心理调适	7.5	10.2	32.1	50.2
基于核心素养的学科教学	4.0	10.1	37.1	48.9
学科单元教学的知识与技能	3.9	10.2	37.6	48.3
所教学科的知识与前沿理论	4.8	10.3	37.2	47.8
作业设计的知识与技能	6.1	10.9	35.6	47.4
基于个性化学习的教学知识与技能	5.1	12.1	35.8	47.0
学生行为与课堂管理	5.9	13.3	35.2	45.6
学生心理	5.2	12.4	37.2	45.3

续表

教师学习内容	目前没有需要	较少需要	中等程度需要	非常需要
学生评价	5.4	14.5	37.5	42.6
教学所需的信息技术应用能力	6.4	14.1	37.6	41.9
针对有特殊需要的学生的教学	6.8	15.7	35.7	41.9
课程开发的知识	8.2	14.6	35.5	41.7
教育研究方法与课题研究	9.0	15.0	35.5	40.5
人文科学、自然科学等通识类知识	9.0	15.0	35.5	40.5
学生生涯发展指导	8.7	15.7	35.7	39.9
跨学科、跨课程领域的教学技能	8.9	15.3	36.4	39.4
在线教学的知识与技能	7.7	16.4	36.9	39.0
教育改革形势与发展趋势	8.6	16.4	38.8	36.3
学校管理方面的理论知识与技能	17.8	16.7	30.1	35.4
教师职业道德与理想	26.8	24.1	28.9	20.3
其他	63.7	6.1	16.2	14.1

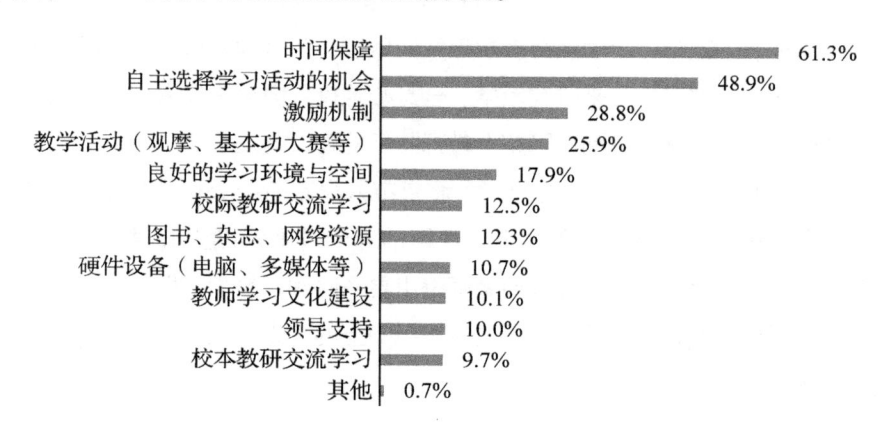

（二）教师所需专业支持

就教师所需专业支持看（图6-4），调研结果显示，61.3%的教师认为学校应该为教师的发展提供时间保障，48.9%的教师认为应该为教师提供自主选择学习活动的机会，28.8%的教师认为应该提供激励机制。

项目	百分比
时间保障	61.3%
自主选择学习活动的机会	48.9%
激励机制	28.8%
教学活动（观摩、基本功大赛等）	25.9%
良好的学习环境与空间	17.9%
校际教研交流学习	12.5%
图书、杂志、网络资源	12.3%
硬件设备（电脑、多媒体等）	10.7%
教师学习文化建设	10.1%
领导支持	10.0%
校本教研交流学习	9.7%
其他	0.7%

图 6-4 教师所需专业支持

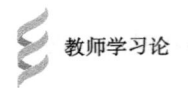

第三节 结论与建议

一、切实减轻教师负担,营造良好的教育教学与教师学习环境

教师学习和专业发展受到不同因素与条件的影响。诸多因素相互作用,支持或者阻碍教师学习。本次调查结果显示,当前,尤其是在"双减"政策实施后,教师在工作中感受到了一定的工作压力。结合质性访谈,教师普遍反映,其工作压力主要来自"工作量大""校方的考核""学生成绩""家长的要求"等。

通过访谈我们得知,教师普遍认为,感受到的"工作量大"不是因为教学任务多,而是非教学工作占用的时间和精力过多。调查结果也显示,教师工作时间中约有四分之一的时间用于非教学工作。

2019年12月,中共中央办公厅、国务院办公厅印发了《关于减轻中小学教师负担进一步营造教育教学良好环境的若干意见》。政策出台的根本目的在于减轻中小学教师的非教育教学负担,营造良好的教育教学环境,让教师全身心投入教书育人工作。

在政策指引下,各层级教育主管部门和学校领导都应尽可能地精简文件和会议,严格清理、规范与中小学教育教学无关的事项,为教师减负,把时间和精力还给教师,使教师能够静下心来研究教学、全身心地投入教学工作中,只有这样才能提高教师的专业化水平,进而保障整个教师队伍的建设与发展。

2020年年底,中共北京市委办公厅 北京市人民政府办公厅印发《关于减轻中小学教师负担进一步营造教育教学良好环境的若干措施》的通知,共列出16项清单,各项工作正在落实中,希望能使教师腾出更多时间、精力,聚焦教书育人的主体责任,不断提升教育教学质量,用更加积极向上的阳光心态影响学生,为社会培养更多优秀人才。

二、发挥教师能动性，激发教师的学习动机

本次调查发现，北京市教师学习的内部动机较强，而外部动机表现得较弱。这表明教师更倾向于为了兴趣、个人专业发展的知识或技能需要、解决教学工作中遇到的问题等因素而主动参与学习活动，而不是迫于外界压力或谋求报酬等。

2021年8月，中共北京市委办公厅、北京市人民政府办公厅印发《北京市关于进一步减轻义务教育阶段学生作业负担和校外培训负担的措施》的通知。"双减"工作全面展开。要求校内服务提质增效，充分发挥学校育人主渠道作用。例如，学校应加强作业设计指导，布置分层、弹性、个性化作业，丰富课后服务内容，扩展学生的学习空间等。这对教师提出了更高的要求，教师也有迫切的学习需求。为了进一步引导、鼓励和支持教师的自主学习，教师培训与教育的内容应及时回应教师的需求。

教师学习是教育进步的关键。为提高教育质量，激发教师的学习动机，教师培训者与教研工作者应合理设计教师教育的形式与内容，通过聚焦实践来强调教师学习的情境。例如，通过教学工作中的实际案例分析与讨论的形式，帮助教师理解所学内容与自身专业发展的内在联系，培养教师观察和解释课堂事件关键特征的能力，使教师变得更愿意主动考虑学生的想法与教学决策之间的关系，培养教师自主学习和思考的习惯。具体措施可包括：①增加课堂录像分析或其他实践内容，并将其作为教师学习的材料；②使用数字化工具或网络平台支持教师的自主学习和互助学习。

三、建构自主、合作、信任的学校文化，为教师学习营造和谐的学校生态

调研显示，教研活动对教师的专业成长有重要影响。温馨、和谐的工作环境是教师工作质量的重要保障。结合调研数据，学校要继续完善自主、合作和信任的学校文化，为教师创造良好的学习环境，提升教研活动质量。

第一，增加教师互助的专业关系。教师反馈，其所在学校形成了重要的合作和信任关系，会对其自身专业发展产生积极影响。具体而言，学校要增加教师之间的听评课、指导课、研究课、同课异构等活动，让教师之间增加交往，增强互助，在

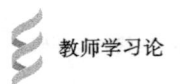

具体行动中增强教师的信任和合作关系。第二，增强教师的专业自主权。教师是一项专业工作，自主性是教师专业性的内在要求，专业自主能够增强教师的内在动力，实现教育实践创新。具体而言，学校领导要让更多教师参与教学决策、学校制度制定等，增强教师的学校归属感和主人翁意识。

与此同时，学校要进一步加强教师校本培训，强化对教师的校本个性化指导。调查发现，教师对校本个性化培训的满意度相对较高，且教师认为，基于校本的听评课、师徒带教等方式对专业发展的影响较大。这一发现在访谈过程中得到印证。

在市教育主管部门的统一领导下，在市区培训机构的专业指导下，学校需要进一步加强对教师的个性化指导，具体工作包括以下方面。第一，持续完善校本教师培训，从全校层面思考新任教师、骨干教师、卓越教师的发展内容与发展策略，让每位教师有获得感和价值感，在系统的校本培训中给予教师成长机会。第二，优化细化听评课、同课异构、师徒带教、示范课等校本专业发展方式，为教师提供更多实践学习的情境与专业指导。同时，基于教师轮岗交流的政策，增加教师跨校学习的机会。第三，结合教育集团/集群、学区等办学体制改革，聚集高校、科研院所等优质教育资源，为教师提供更加开放、多元的专业学习机会。

四、持续完善市、区、校三级教师学习与专业发展支持体系

第一，加强理论研究，明确教师的专业性及教师专业标准等理论基础，结合新时代教育改革与"双减"背景，进一步明确教师学习的目标与内容方式等根本问题。

第二，加强教师队伍现状研究，对教师的专业准备与专业素养进行考查，基于不同专业发展阶段教师的特点与需求，分类研制课程结构体系及培养体系，为教师提供更加科学的学习内容和适切的学习方式，以提升教师专业素养。

第三，分析北京市教师培训现状，对市、区、校三个层面进行系统设计，积极构建市、区、校三级各负其责、各尽其职的有效的教师终身学习体系与机制。市级层面，为教师学习提供政策支持与时间保障，明确教师专业标准与人才培养目标，系统设计培训课程体系与教学指导原则等；区级层面，整合区级资源，明确区级课程与指导教师遴选标准、实践指导规范等，加强学科实践指导，为教师创设长期系统的学习机会；学校层面，明确专业指导、校本研修等方面的要求与准则，进一步

增强"师带徒"、校本教研的实效性，激发教师的自主学习意识，在教育教学的实践情境中增进其实践智慧。

概言之，通过上述三个方面的努力，通过市、区、校三个层面的制度设计与有机结合，力求建立健全市、区、校三级联动的教师学习与专业发展体系，为北京市教师的终身学习与生涯发展提供有效的政策与制度保障，进而为首都教育高质量发展提供优质师资保障。

参考文献

1. 贝洛克．具身认知：身体如何影响思维和行为[M]．李盼，译．北京：机械工业出版社，2016．
2. 卜玉华．价值视角下我国中小学教研活动现状及发展策略[J]．中小学管理，2019(10)．
3. 操太圣，卢乃桂．教师专业发展新范式及其在中国的萌生[J]．教育发展研究，2002(11)．
4. 陈江华．学习型组织理论研究综述与评价[J]．北京交通大学学报(社会科学版)，2014(2)．
5. 陈向明．从教师"专业发展"到教师"专业学习"[J]．教育发展研究，2013(8)．
6. 程介明．教研：中国教育的宝藏[J]．华东师范大学学报(教育科学版)，2021(5)．
7. 丛立新．教研制度要有自己的坚持和自信[J]．人民教育，2019(21)．
8. 崔允漷，王中男．学习如何发生：情境学习理论的诠释[J]．教育科学研究，2012(7)．
9. 德西，弗拉斯特．内在动机：自主掌控人生的力量[M]．王正林，译．北京：机械工业出版社，2020．
10. 冯锐，金婧．学习共同体的思想形成与发展[J]．电化教育研究，2007(3)．
11. 龚兴英．中小学教师教研活动研究[D]．重庆：西南大学，2014．
12. 龚彦忠，姬静，姬建峰，等．中学教师继续教育培训存在的问题与对策——以咸阳市中学教师继续教育培训调查问卷分析报告为例[J]．教育现代化，2019(56)．
13. 何齐宗，周益发．教育变革的新探索——迈克尔·富兰的教育变革思想述评[J]．教育研究，2009(9)．

14. 贺文洁，李琼，穆洪华．学校文化氛围对乡村教师工作满意度的影响：教师能动性的中介作用[J]．教师教育研究，2018(3)．
15. 胡惠闵．教师专业发展背景下的学校教研组[J]．全球教育展望，2005(7)．
16. 胡庆芳．中小学教研活动课程化的思考与实践[J]．教育理论与实践，2014(29)．
17. 胡星，武丽志．中小学教师参与远程培训的动机研究——基于广东省的问卷调查[J]．当代继续教育，2015(5)．
18. 胡艳．民国时期我国中小学教师的学习研究组织及其活动[J]．教师发展研究，2017(1)．
19. 胡艳．专业学习共同体视角下的教研组建设——以北京市某区中学教研组为例[J]．教育研究，2013(10)．
20. 莱夫，温格．情景学习：合法的边缘性参与[M]．王文静，译．上海：华东师范大学出版社，2004．
21. 兰文杰，曾小叶，杨迪，等．工作家庭冲突对农村中小学教师工作满意度的影响：组织承诺的中介和调节作用[J]．贵州师范学院学报，2021(9)．
22. 李翠白．西方情境学习理论的发展与应用反思[J]．电化教育研究，2006(9)．
23. 李其维．"认知革命"与"第二代认知科学"刍议[J]．心理学报，2008(12)．
24. 李松．我国中小学教研60年：反思与展望[J]．当代教育科学，2014(17)．
25. 李杏丽．小学教师学习动机问题研究——以吉林省为例[D]．长春：东北师范大学，2013．
26. 李钰．教研组教研活动的现状与对策研究——以寿光市某小学为例[D]．济南：山东师范大学，2019．
27. 李子建，邱德峰．实践共同体：迈向教师专业身份认同新视野[J]．全球教育展望，2016(5)．
28. 刘群英．我国中小学教研组研究——从历史发展的角度[D]．上海：华东师范大学，2007．
29. 刘世清，侯浩翔，黄攀攀．中小学教师学习投入与社会支持的关系研究[J]．教师教育研究，2021(2)．
30. 刘月霞．追根溯源："教研"源于中国本土实践[J]．华东师范大学学报(教育科学版)，2021(5)．

31. 卢长娥，罗生全．幼儿园教师工作家庭促进与工作满意度的关系：心理资本和工作投入的多重中介效应[J]．学前教育研究，2021(5)．

32. 卢立涛，王泓瑶，沈茜．新中国七十年教研制度的变迁逻辑——基于历史制度主义的视角[J]．教师教育研究，2020(1)．

33. 马健生．简论美国重建学校运动及其动力[J]．比较教育研究，1998(6)．

34. 毛菊．当代西方教师学习理论研究[M]．北京：北京师范大学出版社，2019．

35. 聂劲松．中国百年教育研究制度审视[D]．长沙：湖南师范大学，2009．

36. 裴淼，李肖艳．成人学习理论视角下的"教师学习"解读：回归教师的成人身份[J]．教师教育研究，2014(6)．

37. 裴淼，刘姵希．"以身体之，以心验之"——具身认知理论视角下的教师培训项目设计与实施[J]．教师教育研究，2018(3)．

38. 彭聃龄．普通心理学[M]．4版．北京：北京师范大学出版社，2012．

39. 契克森米哈赖．生命的心流[M]．陈秀娟，译．北京：中信出版社，2009．

40. 容珍．幼儿园教师学习现状的调查研究[D]．石家庄：河北师范大学，2019．

41. 桑国元，叶碧欣，黄嘉莉．教师能动性：内涵、维度与测量[J]．中国教育政策评论，2019．

42. 沈崴，张睿，高俊山．学习型组织理论模型的比较研究[J]．现代管理科学，2004(3)．

43. 斯奈德，洛佩斯．积极心理学：探索人类优势的科学与实践[M]．王彦，席居哲，王艳梅，译．北京：人民邮电出版社，2013．

44. 苏霍姆林斯基．给教师的建议：下册[M]．杜殿坤，编译．北京：教育科学出版社，1981．

45. 孙元涛．教师专业学习共同体：理念、原则与策略[J]．教育发展研究，2011(22)．

46. 汤丰林．论新时代的教师教育改革——教师培训的视角[J]．新教师，2018(7)．

47. 滕尼斯．共同体与社会——纯粹社会学的基本概念[M]．张巍卓，译．北京：商务印书馆，2020．

48. 屠锦红．"学习共同体"：理论价值与实践困境[J]．当代教育科学，2013(16)．

49. 王建军，陈丽翠．中小学教师集体教研："空心化"现象与"实心化"回归[J]．

湖南师范大学教育科学学报,2020(2).

50. 王立. 教育变革中的教师发展——迈克尔·富兰教师教育思想述评[J]. 高等理科教育,2011(6).

51. 王润良,郑晓齐,王焜. 学习型组织理论与实践[J]. 北京航空航天大学学报(社会科学版),2001(3).

52. 王文静. 情境认知与学习理论研究述评[J]. 全球教育展望,2002(1).

53. 王晓丽,齐亚静,姚建欣. 乡村教师教学自主权对专业发展能动性的影响：工作投入的中介作用[J]. 中国特殊教育,2018(11).

54. 王艳玲,胡惠闵. 从三级到五级：我国基础教育教研制度建设的进展与问题[J]. 全球教育展望,2020(12).

55. 吴义昌. 科研、教研与中小学教师[J]. 当代教育论坛,2004(8).

56. 谢翌,马云鹏,张治平. 新中国真的发生了八次课程改革吗?[J]. 教育研究,2013(2).

57. 薛焕玉. 对学习共同体理论与实践的初探[J]. 中国地质大学学报(社会科学版),2007(1).

58. 严运锦. 学习共同体、实践共同体、学习型组织概念辨析[J]. 上海教育科研,2019(8).

59. 叶浩生. 认知与身体：理论心理学的视角[J]. 心理学报,2013(4).

60. 叶浩生. 身体与学习：具身认知及其对传统教育观的挑战[J]. 教育研究,2015(4).

61. 伊列雷斯. 我们如何学习：全视角学习理论[M]. 孙玫璐,译. 2版. 北京：教育科学出版社,2021.

62. 于漪. 于漪全集：第20卷[M]. 上海：上海教育出版社,2018.

63. 于漪. 于漪全集：第16卷[M]. 上海：上海教育出版社,2018.

64. 俞晓东. 论转型期中小学教研工作的趋势、功能与着力点[J]. 教师教育论坛,2020(8).

65. 张民选. 现代教师专业发展的范式[J]. 现代教学,2004(Z1).

66. 张娜. 教师专业发展能动性量表的研制[J]. 心理研究,2012(3).

67. 张平平,胡咏梅. 中小学校长领导力对教师专业合作行为的影响[J]. 湖南师范大学教育科学学报,2018(5).

68. 张志旻,赵世奎,任之光,等. 共同体的界定、内涵及其生成——共同体研究综述[J]. 科学学与科学技术管理,2010(10).

69. 赵健. 学习共同体——关于学习的社会文化分析[D]. 上海:华东师范大学,2005.

70. 赵新亮,刘胜男. 工作环境对乡村教师专业学习的影响机制研究——心理资本的中介作用[J]. 教师教育研究,2018(4).

71. 郑葳,李芒. 学习共同体及其生成[J]. 全球教育展望,2007(4).

72. 郑鑫,张佳. 中西方教师专业学习共同体的差异:跨文化比较的视角[J]. 外国教育研究,2015(8).

73. 周成海. 教师专业发展范式转移及其在学校管理层面的应对[J]. 教育理论与实践,2013(19).

74. 周钧,罗剑平. 西方"教师学习"研究述评[J]. 比较教育研究,2014(4).

75. 周艳云. 身体状态对创造性想法产生的影响[D]. 重庆:西南大学,2016.

76. 朱国云. 组织理论:历史与流派[M]. 南京:南京大学出版社,1997.

77. 朱旭东,裴淼,等. 教师学习模式研究:中国的经验[M]. 北京:北京师范大学出版社,2017.

78. BOLAMR, MCMAHON A, STOLL L, et al. Creating and sustaining effective professional learning communities: RR 637 [R]. Department for Education and Skills, 2005.

79. BORKO H, JACOBS J, KOELLNER K. Contemporary approaches to teacher professional development[J]. International Encyclopedia of Education, 2010(2).

80. BROWN J S, COLLINS A, DUGUID P. Situated cognition and the culture of learning [J]. Educational Researcher, 1989(1).

81. BURNS T, KÖSTER F. Governing Education in a Complex World [M]. Paris: OECD, 2016.

82. CHRISTENSON S L, RESCHLY A L, WYLIE C. Handbook of research on student engagement [M]. New York: Springer, 2012.

83. CLARK M C. Off the beaten path: Some creative approaches to adult learning [J].

New Directions for Adult and Continuing Education, 2001(89).

84. CSIKSZENTMIHALYI M, LEFEVER J. Optimal experience in work and leisure [J]. Journal of Personality and Social Psychology, 1989(5).

85. DARLING-HAMMOND L, HYLER M E, GARDNER M. Effective teacher professional development [R]. Palo Alto: Learning Policy Institute, 2017.

86. DECI E L, RYAN R M. The "what" and "why" of goal pursuits: Human needs and the self-determination of behavior [J]. Psychological Inquiry, 2000(4).

87. DERIVERA J. Field theory as human-science: Contributions of Lewin's Berlin group[M]. New York: Gardner Press Inc., 1976.

88. DUFOUR R, EAKER R. Professional learning communities at work: Best Practices for enhancing student achievement [M]. Bloomington: Solution Tree, 1998.

89. DUFOUR R. What is a "professional learning community"? [J]. Educational Leadership, 2004(8).

90. FAVE A D, MASSIMINI F. Optimal experience in work and leisure among teachers and physicians: Individual and bio-cultural implications [J]. Leisure Studies, 2003(4).

91. FRANCESCONI D, TAROZZI M. Embodied education: A convergence of phenomenological pedagogy and embodiment [J]. Studia Phaenomenologica, 2012, 12.

92. FREDRICKS J A, BLUMENFELD P C, PARIS A H. School engagement: Potential of concept, state of the evidence [J]. Review of Educational Research, 2004(1).

93. FULLAN M. Large-scale reform comes of age [J]. Journal of Educational Change, 2019, 10.

94. GARCÍA-ARROYO J A, SEGOVIA A O & PEIRÓ J M. Meta-analytical review of teacher burnout across 36 societies: The role of national learning assessments and gender egalitarianism [J]. Psychology & Health, 2019(6).

95. GONDOLA J C. The effects of a single bout of aerobic dancing on selected tests of creativity [J]. Journal of Social Behavior and Personality, 1987(2).

96. GREENHAUS J H, POWELL G N. When work and family are allies: A theory of work-family enrichment [J]. Academy of Management Review, 2006(1).

97. HORD S M. Professional learning communities: Communities of continuous inquiry and

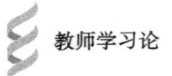

improvement [M]. Austin: Southwest Educational Development Laboratory, 1997.

98. KORTHAGEN F. Inconvenient truths about teacher learning: towards professional development 3.0 [J]. Teachers and Teaching, 2017(4).

99. KRUSE S D, LOUIS K S. An emerging framework for analyzing school-based professional community [C]. The annual meeting of the American Educational Research Association, Atlanta, 1993.

100. LAW N, CHENG K M. The science of learning strategic research theme of the University of Hong Kong[M]//KUHL P K, LIM S S, GUERRIERO S, et al. Developing minds in the digital age: Towards a science of learning for 21st century education. Paris: OECD, 2019.

101. LEWIN K. Action research and minority problems [J]. Journal of Social Issues, 1946(4).

102. LITTLE J W. Teachers' professional development in a climate of educational reform[J]. Educational Evaluation and Policy Analysis, 1993(2).

103. LIU S N, HALLINGER P, FENG D. Supporting the professional learning of teachers in China: Does principal leadership make a difference? [J]. Teaching and Teacher Education, 2016, 59.

104. MARTIN A J. Examining a multidimensional model of student motivation and engagement using a construct validation approach [J]. British Journal of Educational Psychology, 2007(2).

105. MEHTA R K, SHORTZ A E, BENDEN M E. Standing up for learning: A pilot investigation on the neurocognitive benefits of stand-biased school desks [J]. International Journal of Environmental Research and Public Health, 2015(1).

106. OVSIANKINA M. Die Wiederaufnahme unterbrochener handlungen[J]. Psychologische Forschung, 1928, 11.

107. RIMM-KAUFMAN S E, BAROODY A E, LARSEN R A, et al. To what extent do teacher-student interaction quality and student gender contribute to fifth graders' engagement in mathematics learning? [J]. Journal of Educational Psychology, 2015(1).

108. SCHAUFELI W B, MARTÍNEZ I M, PINTO A M, et al. Burnout and engagement in university students: A cross-national study [J]. Journal of Cross-Cultural Psychology,

2002(5).

109. STEIN M K. SMITH M S, SILVER E. The development of professional developers: Learning to assist teachers in new settings in new ways [J]. Harvard Educational Review, 1999(3).

110. STOLL L, BOLAM R, MCMAHON A, et al. Professional learning communities: A review of the literature [J]. Journal of Educational Change, 2006(4).

111. STOLL L. Leading professional learning communities [M]//ROBERTSON J, TIMPERLEY H. Leadership and learning. London: Sage, 2011.

112. WENGER E. Communities of practice: Learning, meaning, and identity [M]. Cambridge: Cambridge University Press, 1998.

后　记

　　为适应新时代教师队伍建设的新要求，2019年，北京教育学院针对所从事的教师培训主业，从提升培训效果入手，抓住教师学习这个根本性问题确立重大攻关性课题"新时代中小学教师学习状况与策略研究"。课题基于国内外教师专业发展与培训政策和教师专业学习等相关理论，综合运用量化和质性研究方法，系统研究北京市中小学教师的学习现状、影响因素和促进策略，旨在探索提升中小学教师专业素养的有效机制、路径和实施策略。课题由北京教育学院副院长汤丰林教授主持，研究历时四年，课题组全体成员付出了艰辛的努力并取得阶段性成果。

　　本书作为研究的总纲，立足于新时代教师学习的现实问题，重点探讨了三个方面的问题。一是明晰教师学习的概念内涵与核心议题，聚焦新时代对教师学习提出的新要求，探讨新技术支持背景下的教师学习变革（第一章），分析教师学习研究的理论基础与影响因素（第二章），为教师培训提质增效提供理论支撑。二是重点关注现实中教师学习要解决的核心问题：教师学习动机（第三章）、教师学习转化（第四章）及教师学习支持体系构建（第五章）。三是教师学习的现状与策略调查。课题组从教师学习动力、学习投入、学习阻碍及影响因素等方面进行问卷调查，基于1066份有效问卷分析北京市教师学习的现状（第六章），对促进教师学习提出策略建议。

　　本书撰写由课题负责人及团队成员合作完成，具体分工如下：汤丰林（总序、第四章第一节、第六章、后记），钟亚妮（第一章、第二章、第六章），沈彩霞（第三章、第五章第二节），曹杰（第四章第二节和第三节、第五章第一节和第二节、第六章），张泽宇（第四章第二节和第三节、第六章），靳娟娟参与撰写了第二章第一节并通览全书，提出了许多建设性的建议。

　　课题组基于对北京教育学院多年培训实践的反思和时代发展要求，聚焦教师专业学习的视角，致力于推动培训目标的转变，即将培训的核心目标从知识的更新与技能的提升，转变为促进教师自主学习。2021年10月，在北京教育学院举办的"第二届教师学习与专业发展研讨会"上，课题负责人汤丰林副院长基于问卷调查结果做了大会发言，并结合"双减"政策对教师学习与有效培训提出解决方案。课题组期望，在"强师计划"背景下，本课题成果能为进一步推动培训变革、构建高质量教师培训体系提供实证依据与研究支持。

除本书作为总课题组成果之外，研究团队还分别在特级教师学习叙事、大阅读学习路径与策略、智慧学习新生态等领域开展了专题研究。研究团队会聚了北京教育学院、北京师范大学、一线中小学的校长和特级教师等专业力量。在此，向参与本课题研究的团队成员表示感谢。在开展问卷调研过程中，课题组得到李万峰、徐骏、刘燕君、陶汪来、穆桂山、郝玉伟等校长对问卷调查提供的强有力支持，在此表示由衷的感谢。本次调研在研究方法、研究内容与研究结论中存在的不足和偏颇之处，还望读者不吝赐教。